罗曼 —— 著

社会学入门

了解自我
影响他人的
82个社会学知识

AN
INTRODUCTION
TO
SOCIOLOGY

中国纺织出版社有限公司

内 容 提 要

每个人都身处社会之中，可真正了解社会学的人并不多。你可能也想过这些问题：社会究竟是怎样产生的？人与社会之间有着怎样的关系？为什么说没有人能活成一座孤岛？为什么会有性别歧视？周围的人怎样影响我们的决策？其实，这一系列的思考与追问都是社会学研究的问题，我们熟悉的生活场景背后潜藏着诸多社会学知识。本书从社会学的发展史着手，结合常见的生活案例，深入浅出地诠释了诸多经典社会学原理，让读者在轻松顺畅的阅读中，系统地了解社会学，将身边发生的事情与宏阔的社会空间联系起来，培养读者独立思辨的能力，学会像社会学家一样思考问题。

图书在版编目（CIP）数据

社会学入门：了解自我影响他人的82个社会学知识／罗曼著 .--北京：中国纺织出版社有限公司，2023.10（2024.5重印）
ISBN 978-7-5229-0882-3

Ⅰ.①社… Ⅱ.①罗… Ⅲ.①社会学 Ⅳ.①C91

中国国家版本馆CIP数据核字（2023）第161854号

责任编辑：郝珊珊　　责任校对：高　涵　　责任印制：储志伟

中国纺织出版社有限公司出版发行
地址：北京市朝阳区百子湾东里A407号楼　邮政编码：100124
销售电话：010—67004422　传真：010—87155801
http://www.c-textilep.com
中国纺织出版社天猫旗舰店
官方微博 http://weibo.com/2119887771
天津千鹤文化传播有限公司印刷　各地新华书店经销
2023年10月第1版　2024年5月第2次印刷
开本：880×1230　1/32　印张：6.5
字数：188千字　定价：58.00元

凡购本书，如有缺页、倒页、脱页，由本社图书营销中心调换

序 言

我们都置身于社会之中,可说起"什么是社会学",能解释清楚的人并不多。如果你是刚刚接触社会学领域知识的初学者,那么很感谢你选择了本书。与此同时,也希望你以轻松的心态来阅读本书,大可不必担心"读不懂"的问题。

要给社会学下一个确切的定义,并不是一件容易的事。法国学者奥古斯特·孔德在首次提出"社会学"这一概念时,将其定义为一切社会科学的总纲,认为它主要研究人类社会存在的本质规律与运行法则。后来,随着社会学的不断发展,不同的社会学家又对社会学及其研究对象给出了不同的解释。

此时此刻,相信你的脑海里也有一连串的疑问:社会学到底是什么?社会学都研究哪些内容?用什么方法来研究?别急,这些有关社会学的"X档案",你会在第一章里找到答案。

社会学是一门神奇的学问,更是一门包含诸多分支的科学。正因为其内容庞杂,我们才更需要筛选,这也是本书内容的设计和展开逻辑。在阐述了社会学的诞生、发展和研究范式之后,本书选取了最贴近生活的六个主题——个人成长、社会互动、性别表演、社会规范、社会文化和消费活动,对社会学的相关理论进行详细说明,内容丰富有趣、通俗易懂,旨在让大家切实地感受到,社会学与我们每个人的生活都有着千丝万缕的联系。

德国社会学家卡尔·曼海姆说过:"在当今世界上,能够将这个时代表达得最透彻的就是社会学。"现在,就让这本精简的小书慢慢向你展现什么是"社会学",以及如何用社会学的视角去看待我们身边的社会现象。

由于社会学本身的复杂性,以及著者能力水平的限制,书中可能存在一些不足或纰漏,在此恳请各位读者悉心指出、不吝赐教,以便我们在今后的工作中加以改正。

目 录 | CONTENTS

CHAPTER 01 —————————————————— 001
社会学的"X档案"

01　社会学是怎么产生的？| 社会学的诞生　　　　　　002
02　从"神学"走向"科学"| 三阶段法则　　　　　　　004
03　把社会现象当成"物"来观察 | 社会事实　　　　　006
04　优胜劣汰是社会的法则吗？| 社会进化论　　　　　008
05　要理解凯撒并不需要成为凯撒 | 理解社会学　　　　011
06　人与人之间的交往构成了社会 | 形式社会学　　　　014
07　个人的想法也是意识形态 | 知识社会学　　　　　　016
08　研究特定领域的社会学 | 连字符社会学　　　　　　018
09　生产力的发展驱动着历史的演进 | 唯物史观　　　　019
10　经济基础决定上层建筑 | 意识形态　　　　　　　　021
11　社会系统运作的关键要素 | AGIL图式　　　　　　　022
12　社会结构与个体实践的互动 | 结构化理论　　　　　024

CHAPTER 02 —————————————————— 027
谁决定了你是谁？

13　狼孩属于"人"吗？| 社会化　　　　　　　　　　　028
14　人在出生时没有自我 | 镜中我　　　　　　　　　　032
15　为什么孩子喜欢玩"过家家"？| 角色扮演　　　　　035

16	人可以与自身进行互动 | 自我互动	037
17	人格发展的八个阶段 | 社会心理危机	038
18	社会地位是什么意思？| 社会地位	042
19	如何扮演不同的社会角色？| 角色冲突	043
20	你渴望成为什么样的人？| 参照群体	046
21	不属于任何一个文化圈 | 边缘人	047
22	身体是人类的第一个工具 | 身体技术	048
23	为什么你会"这样做"？| 场域-惯习	051
24	谁决定了你的命运？| 自我实现预言	053

CHAPTER 03 —————————— 057
无处不在的社会互动

25	宠物是不是"家人"？| 符号互动论	058
26	社会互动是一场表演 | 拟剧理论	060
27	日常生活中的自我呈现 | 印象管理	061
28	社会群体之间的远近亲疏 | 社会距离	063
29	人与人相处最适宜的距离 | 社交距离	065
30	如何让交往顺利进行？| 交往理性	067
31	每一份礼物都蕴藏着"灵魂" | 礼物理论	069
32	得了别人的好处要记得回报 | 互惠法则	070
33	初次见面的印象有多重要？| 首因效应	071
34	高铁上的乘客是社会群体吗？| 社会群体	073
35	人类为什么要结成群体？| 群体功能	075

36	"本地人"与"外地人"	群体分类	077
37	别人这么做，我也这么做	从众心理	078
38	为什么劝你别做"老好人"？	改宗效应	080
39	人的天性总是更倾向于竞争	竞争优势定律	082
40	为什么三个和尚没水喝？	社会懈怠	083
41	和"家"有关的那些事儿	家庭问题	086
42	为什么说孟母懂社会学？	纯粹接触效应	088
43	所有冲突都是破坏性的吗？	社会冲突	090

CHAPTER 04 — 093
性别是一种表演吗？

44	性别决定着如何被世界对待	社会性别	094
45	女性不是天生的，而是后天造就的	第二性	096
46	"我"在表演某一种性别	性别操演	098
47	你觉得自己是什么性别？	性别认同	099
48	为什么总是王子救赎公主？	性别刻板印象	102
49	女性是一种处境，不只是性别	女性主义	104
50	不愿意承认自己是受害者	恐弱心理	106
51	看与被看是一种权力关系	男性凝视	109
52	你听说过"厌女症"吗？	女性嫌恶	113
53	为什么你没有保护好自己？	强奸文化	116
54	成为母亲意味着什么？	母职惩罚	119
55	尼加拉瓜女性为何练习跆拳道？	家庭暴力	122

CHAPTER 05 ——————————— 125
人性与社会规范的角力

56	谁来制约人们的社会行为？	社会制度	126
57	为什么人们会遵守社会规范？	社会规范	128
58	习俗与公德有什么不同？	社会公德	131
59	犯罪行为对社会有积极作用吗？	越轨行为	132
60	社会控制的功能是什么？	社会控制	135
61	多数人为什么不犯罪？	社会键理论	136
62	谁创建了"越轨者"的身份？	标签理论	138
63	犯罪是习得的吗？	差异交往理论	140
64	当社会价值观导向出了偏差	社会失范	142
65	过分强调成功的恶果	紧张理论	143
66	为什么会滋生暴力？	暴力	145
67	自杀只是因为"想不开"吗？	自杀	147
68	究竟是"天使"还是"恶魔"？	社会舆论	150

CHAPTER 06 ——————————— 155
你真的熟悉文化吗？

69	人类的"梦醒时分"	祛魅	156
70	一个社会的全部符号	文化	157
71	为何越来越读不懂年轻人？	亚文化	159
72	你听说过"火星文"吗？	隐语	160

73	正视社会变迁中的文化滞后 | 文化堕距	162
74	外国留学生们的"困境" | 文化休克	163
75	贫困文化会代际传递吗？ | 贫困文化	167
76	文化生命力的重要标志 | 文化自觉	168

CHAPTER 07 — 171
消费主义盛行下的思考

77	消费主义盛行下的思考 | 消费主义	172
78	我们消费的到底是什么？ | 符号消费	176
79	"稀里糊涂"的跟风购买 | 示范效应	178
80	与旧睡袍别离之后的烦恼 | 狄德罗效应	181
81	你会"打卡"网红餐厅吗？ | 社交货币	184
82	为什么要发展闲暇消费？ | 闲暇消费	186

索引　社会学家名录　　　　　　　　　　　　　　189

CHAPTER 01
社会学的"X档案"

01 社会学是怎么产生的？　社会学的诞生

每个人都身处在社会之中，可提及"什么是社会学"，多数人所能给出的解释几乎是同一句话——"就是研究社会的一门学问呗！"

这个答案没有错，算是对社会学最通俗、最笼统的解释。不过，社会学是一个极其庞大的存在，单纯用这样一句话来描述社会学，无法解开萦绕在人们心中的一系列谜团，毕竟"社会"一词太过简洁宏大，社会本身又包罗万象。现在，我们就从最根本的问题"社会学是怎么产生的？"入手，一点点地揭开社会学的神秘面纱。

知识点

"社会学"一词，最早出现在法国哲学家、社会学家奥古斯特·孔德的著作《实证哲学教程》中，他将利用科学方法考察社会的学科命名为社会学。自此，社会学作为一门学科，正式诞生。

1789年7月14日，起义的巴黎人民攻占了巴士底狱，法国大革命爆发，整个社会陷入一片混乱之中。面对残破的法国社会，许多有识之士感到痛心和担忧，其中包括社会学家孔德，他们在思考同一个问题：如何重建社会秩序？

孔德认为，重建社会秩序需要一套全新的知识体系作为指导，他倾向于用实证主义的方法对社会现象进行考察，并想到了"社会物理学"（social physics）这一名词。

> **知识点**
>
> 实证主义，是指必须在经验的基础上，以科学的观察和实验来寻求真理。如孔德所言，社会学的研究应当与其他自然科学一样，是科学的、系统的、经得起反复观察和检验的。这也意味着，社会学家不能闭门思考问题，要多做实地考察。今天的社会学研究方法主要有两种，一是定量研究——建立统计模型；二是定性研究——深入社会进行观察。

在孔德看来，社会现象受到不可更改的自然规律制约，观察的目的是预测，以求不断发现现象之间的必然联系，找出它们的规律，并把规律应用于社会生活，服务于人的需求。换句话说，如果发现了可被科学实证的社会法则，就可以预测重建社会秩序需要做什么。

之后，孔德对"社会物理学"这一名字进行了修改，将拉丁语的词头"soci"和希腊语的词尾"ology"合并，创立了一个全新的词汇，就是我们现在知道的——"sociology"（社会学）。

作为社会学创始人、古典实证主义社会学家，孔德率先提出并运用自然科学的实证方法来研究和分析人类社会现象，创立了以社会为研究对象的新兴科学——社会学，让人类对社会的探索从思辨哲学中走出来。尽管孔德的实证主义思想存在一定的历史局限性，但其对社会道德、秩序、进步、和平的追求，为后来的社会学发展提供了重要的借鉴。

02 从"神学"走向"科学" 三阶段法则

孔德按照物理学的分类方法,把社会学分成两个部分:第一部分是社会静力学,主要研究社会结构与社会秩序;第二部分是社会动力学,主要研究社会发展与社会进步。

知识点

社会静力学着眼于社会结构的解剖,研究社会机体各个组成部分的作用与反作用规律。

社会静力学的研究对象,涉及个人、家庭、社会三个方面。在孔德看来,家庭是社会最持久的因素,也是社会重建的最好工具。社会要发展,应当以利他之心克制利己之心,而家庭是利己与利他思想最和谐的体系。如果社会关系能和家庭关系一样,充满友爱与同情,成员之间相互支持,拥有合作精神,就可以实现理想社会。

知识点

社会动力学是研究人类社会发展与进步的理论。

孔德认为，社会有机体与生物体一样，都是在不断进化的，人类理智的进化对人类社会总体的进化发挥着决定性的作用。他强调，人类的理智在任何一个思辨领域都要经历三个阶段，即神学阶段、形而上学阶段、实证阶段。因此，人类社会的总体进化也遵循这一规律，需要经过相对应的三个阶段，即军事阶段、法学阶段和工业阶段。

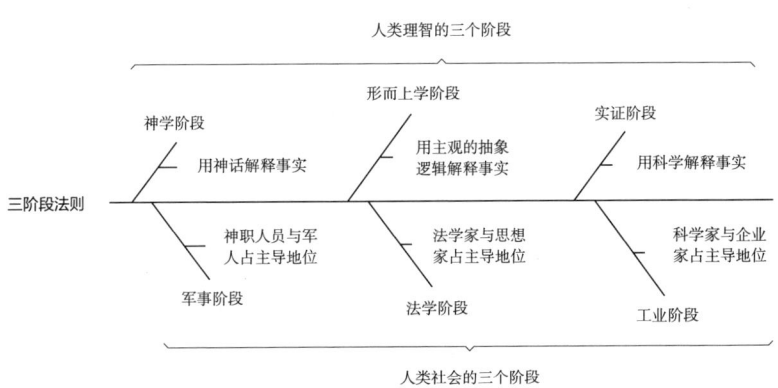

在孔德的心中，社会学就是研究社会秩序与社会进步的科学，社会秩序与社会进步关系密切、相辅相成：如果进步不与秩序并行，那么进步是难以持久的；如果秩序不与进步共存，那么真正的秩序也难以建立。由此，"秩序与进步"成为孔德实证哲学中社会政治理论的经典概括和标志性口号，并被他的追随者们镌刻在他的墓碑之上。

1848年2月，孔德创建了以"秩序与进步"为基本宗旨的实证主义学会，进一步强调了利他主义道德的作用，并正式提出"人类教"的学说。孔德晚年认为，当社会进化到最后阶段，实证主义要完全取代人类对上帝的崇拜,以博爱取代个人拯救与利己主义的思想。其实,此时的"人类教"已经成为一种无神论的宗教,孔德这种以宗教代替科学的做法,最终妨碍了他对社会学的长期研究与坚持,而遗憾的是,他至死也没有意识到这一点。

03 把社会现象当成"物"来观察　社会事实

在孔德之后,法国的另一位社会学家埃米尔·涂尔干,沿着实证主义的思路,通过观察、统计和比较,从各类事实的相互作用中揭示社会发展规律,将社会学研究向前推进了一大步。在涂尔干庞大而复杂的理论中,影响最为深远的莫过于他提出的社会学研究的特殊对象是"社会事实",即社会学要成为一门科学,必须将现象视作"物"进行客观考察。

知识点

关于"社会事实",涂尔干给出的定义是:"一切行为方式,无论是固定的,还是不固定的,凡是能从外部给予个人以约束的;或者说,普遍存在于该社会各处并具有其固定存在的,无论在个人身上的表现如何,都叫作社会事实。"

在现实生活中,把5根牙签用不同的方式进行拼接,可以拼出多种不同的图形。社会产生的过程与之有相似之处：假设每根牙签都代表"个人"，当"个人"与"个人"以不同的方式"拼接"时，就产生了不同于个人总和的"社会"。

涂尔干认为，个人与个人的结合会形成一个超越个人总和的社会，并形成一种"社会要由大家一起维系"的集体意识。这种集体意识塑造了社会事实，个体如果不遵守社会事实，社会就无法存续。从这个角度来解释，"存在于个人之外，却能制约个人行为的规范"，就是涂尔干所说的社会事实。

知识点

社会事实具有三个主要特征：客观性、强制性、普遍性。

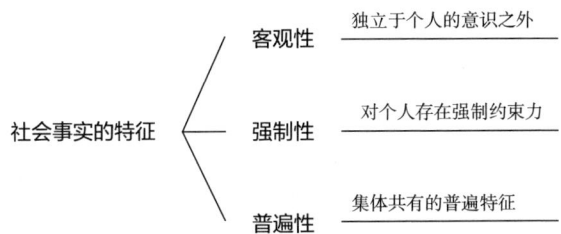

当我们接触到社会事实时，该怎样进行观察呢？

知识点

涂尔干认为，观察社会事实的基本原则是"把社会事实作为物来进行考察"，在此基础之上，他又细分出三个主要准则：

准则1：对社会事实进行客观的研究，摆脱一切臆断。

准则2：以社会事实解释社会事实，不能通过个体主观或心理层面做出解释。

准则3：对社会事实的完整解释，必须包括因果分析与功能分析，先研究该现象产生的原因，再进行功能分析。

简言之，涂尔干所提出的社会事实是讨论社会有如自成一格的、真实且独特的系统，不能以个人心理等其他社会现象来解释，为社会学确立独立学科的地位作出了巨大贡献。

04 优胜劣汰是社会的法则吗？ 社会进化论

提起"优胜劣汰，适者生存"，大家都会不约而同地想到达尔文的生物进化论。在漫长的发展进程中，唯有不断适应环境变化的物种，才能够生存下来；那些无法适应环境变化的物种，会被大自然淘汰。

既然所有的生命都遵从"优胜劣汰"的自然法则，那么"社会"是否也存在这样一套发展法则呢？生物进化论能否用来解释今天的社会现象呢？19世纪欧洲的哲学家和思想家们，受到生物进化论的影响，开始纷纷思考这一问题，其中最著名的是英国社会学家斯宾塞。

1798年，英国人口学家马尔萨斯出版了《人口原理》一书，他指出：在没有限制的情况下，人口以几何级数增长，生活资料以算术级数增长，必然会导致灾难和战争。唯有通过优胜劣汰的方式，如战争、瘟疫、限制结婚等方式，才能维持人口与生活资料的平衡。这一观点吸引了斯宾塞的注意，并给他带来了启发。于是，他将生物进化的法则引入社会领域，提出了"社会进化论"。

知识点

斯宾塞认为，宇宙存在着一个首要原理，即进化是宇宙的主要过程，宇宙间的一切事物都是从简单到复杂、从不确定到确定、从同质到异质的过程，人类社会也遵循这样的原则。

（1）从简单到复杂：简单的部落形式→复杂多元的国家形式。

（2）从不确定到确定：没有强制效应的习俗、礼仪→明确的法律法规。

（3）从同质到异质：传统农村→现代都市。

（注：在乡土社会中，多数人从事相同的农业生产活动，人口流动性小，人们的生活方式都差不多；随着城镇化的发展，不同的工作岗位开始出现，人们的生活方式变得越发丰富，人与人之间的差异性也越来越明显。）

斯宾塞和孔德都认为，社会是像生物一样的有机体。只不过，孔德强调是人类的精神发展带来了社会的进步，而斯宾塞的社会进化论则更加强调社会体系与功能。在他看来，社会的进化是朝着更大规模、更有凝聚力、更具确定性和多样性的方向发展。

斯宾塞是最早把"优胜劣汰，适者生存"的观念引入人类社会的人，在他看来，人类社会存在着与自然界一样的残酷斗争，那些弱小的、低劣的人种会被淘汰，社会总是让"最适者"生存下来。这一观点在19世纪末20世纪初掀起了激烈的讨论浪潮，然而到了20世纪中期以后，人们更多地将它与种族主义、纳粹主义联系在一起，引发了各国知识界的批判与争议，并逐渐淡出了思想世界。

今天的我们，生活在一个竞争无比激烈的社会之中，"狼性法则"也许能获得一时的优势领先，但不具有可持续发展性。如果任由"优胜劣汰"的法则在人类社会无止境地运用，人人就会自行其是，争当可以生存下来的"最适者"，从而导致无穷无尽的混乱；更糟糕的是，存活下来的"最适者"，未必都是"最优者"，也可能是投机取巧、不择手段之人。

要理解"物竞天择"在社会中的作用，还需用辩证思维。

人类是自然的一部分，自然逃脱不了"优胜劣汰"的规律，不能妄想完全用配给代替竞争。但是，自然选择是一种彻底的唯结果论，把生存优势简化成几个简单的维度，过于狭隘和随意。生物之间的相处方式，并非单纯的竞争和对抗那么简单，把充满成长性的生存竞争定义为你死我活的零和游戏并不恰当，它既不符合生物进化的事实，也不符合人类社会的发展现状。

人类社会过去两三百年的高速发展告诉我们，新知识的创造、传播和积累，固然需要一定程度的竞争与对抗，但也需要开放心态、合作精神和长期主义。

05 要理解凯撒并不需要成为凯撒　　理解社会学

德国海德堡山顶墓地里埋葬着一位逝者，为了纪念他不平凡的一生，其妻子从《浮士德》中挑选了一句话作为他的墓志铭——"尘世一切皆寓言，自此吾辈再无君"。这个人就是德国学者马克斯·韦伯。

当涂尔干在法国倡导实证社会学的时候，比他小6岁的马克斯·韦伯在德国开创了社会学的另一个研究角度，他将自己倡导的社会学研究称为"理解社会学"。韦伯认为，社会学是一门科学，其意图在于对社会行动进行诠释性的理解，并对社会行动的过程和结果进行因果解释。

理解社会学的研究对象有两个，一是社会行动，二是社会学的研究方法，即理解与解释。

知识点

如果一项行动被赋予了主观意义，并且指向他人，就不再是单纯的行动，而是变成了社会行动，其载体是个人。社会行动的显著特征在于，行动者的主观意义与他人的行为发生意义关联。

在理解社会学中，社会行动须具备两大要件：

其一，行动个体对其行为赋予主观的意义。

其二，行动者的主观意义指向他人，与他人的行为发生意义关联。这里说的"他人"，可以是熟人、陌生人或不确定的多数人；"他人的行为"可以是现在或过去的行为，也可以是未来预期的行为。

韦伯把社会行动分为四种类型：

（1）目的理性式行动——基于目标采取的理性行动。

（2）价值理性式行动——基于自身信仰或价值观采取的行动。

（3）情感/情绪式行动——基于情感采取的行动。

（4）传统式行动——基于习惯采取的行动。

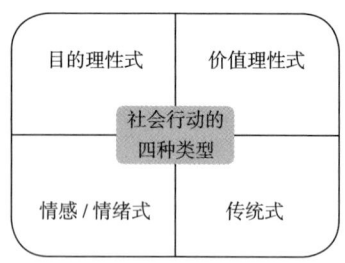

韦伯不赞同把"自利"视为人类行动的根本动机，他认为除"利害关系"之外，人们的行动还受到习惯、情绪、价值规范等因素的影响。不过，韦伯也强调，这样的划分方式仅是出于社会学研究的需要，属于概念上的理想类型，实际的社会行动很少指向上述讨论中的单一类型，更常见的是行动中混杂了

不同类型的因素。

确定了研究对象之后，如何进行研究，是韦伯需要进一步思考的问题。他不主张用实证主义的方法来研究社会学，因为实证主义方法只关注事物的外在联系，而人类的社会行动是受主观意图指引的，行动者为何要这样行动，有其自己的想法和解释。所以，韦伯认为社会学的研究方法应该是理解与解释，以个人主观意图作为探究的出发点，以"理解"的方法研究社会行动过程。

知识点

社会学意义上的理解，是试图探查行动者主观行动的意义关联，从而建构起行动者与行动之间的意义脉络。理解分为两种，一种是直接观察性理解，另一种是解释性理解。

直接观察性理解，是指仅通过观察一些行动，来猜测行动者的主观意义；解释性理解，是指探查行动者对行动赋予的主观意义，来达到对行动者实际行动过程的解释。不过，由于主观动机与目的之间并不总是理性对应的，因此韦伯提出，社会学的解释还必须具有"因果上的妥当性"。

在韦伯看来，"理解"是社会学的必要部分，但他也意识到了解释性理解方法的局限性和因果分析法的重要性，从而试图把解释性理解和因果分析法结合起来，使两者相互补充，形成一种尽可能客观科学的社会分析模式。

> **知识点**
>
> 在确立了研究对象之后,韦伯又提出,应当把价值中立作为从事社会学研究必须遵守的方法论准则,即必须放弃任何主观的价值观念,严格以客观、中立的态度进行观察和分析,从而保证研究的客观性和科学性。

在韦伯看来,每个人都是自己的主人,不能以自己的标准去衡量其他的人和事,在研究中应当保持中立的态度。社会学研究者关心的应当是事实的陈述,而不是对事物作好坏评价的观点。

在社会学的发展历程中,马克斯·韦伯不只是一个名字,更是一块无法轻易绕过的现代性界碑。社会学家科塞对韦伯的评价恰如其分:"韦伯以永不停息的斗争为代价,获得了对社会清晰透彻的认识,很少有人达到他那样的深度,他带来的是对人类和社会的深刻理解。"

06 人与人之间的交往构成了社会　　形式社会学

德国社会学家、哲学家齐美尔,是19世纪末20世纪初反实证主义社会学思潮的代表人物之一,他与韦伯、滕尼斯并称德国社会学的三驾马车。齐美尔认为,社会学必须具备专业性才能成为科学。比如,在对一个村落进行考察时,经济学家会关注该村落的经济结构和预算,神学家会关注该村落的教义,法学家会关注该村落的法律法规,那么社会学家该关注什么呢?

知识点

齐美尔认为,社会并不是像物一样的实际存在,而是一种具有意识的个体之间的互动过程,是人与人之间的"交往"构成了社会,社会的存在就体现在这些互动的关系上。因此,社会学应该脱离社会关系的具体内容,专门研究社会关系的形式或人类交往的形式。

在齐美尔看来,个人的活动就是社会的内容,但这种活动不能直接构成社会,它们只能在相互作用或"互动"中才能构成现实的社会关系,这种相互作用或"互动"的方式就是社会形式。

按照齐美尔的观点,如果对一个村落进行考察的话,那么社会学家关注的内容,应当是村长与村民、村民与村民之间的社会交往形式。齐美尔认为,人类交往的原因有很多,社会交往的形式也存在着不同的层次,大致可以分为以下四种类型:

(1)合作、竞争、联合、秘密等基本的社会互动形式。

(2)国家、教会、家庭、军事组织等作为体制化结构的形式。

(3)社交、体育活动、游戏等自主的游戏形式。

(4)科学、艺术、政治、宗教等社会本身的一般形式。

> **知识点**
>
> 社会类型，是齐美尔探讨的另一种重要的社会形式。他不仅将交往过程划分为不同的形式，还将交往所涉及的个人角色行为划分为不同的类型，如穷人、吝啬者、贵族、冒险家、娼妓、陌生人等，将每一种类型都视为社会互动的结果。

齐美尔的形式社会学思想，从方法论和研究对象的角度对社会学作出了有意义的界定，对社会学研究的专业化与制度化起到了积极的推动作用。

07 个人的想法也是意识形态　知识社会学

19世纪到20世纪上半叶，西方社会学家大部分以"社会行动"和"社会结构"为主要研究内容，然而，有一位社会学家把目光转向了知识与意识形态问题，开始建立知识社会学与意识形态理论，他就是卡尔·曼海姆。

曼海姆生于匈牙利布达佩斯，父母都是犹太人，家里经济状况较好。在布达佩斯大学获得哲学学位后，曼海姆赴德国柏林大学，师从齐美尔学习哲学与社会学。他生活在一个动荡的时代，法西斯主义的暴行让他目睹了大量残酷而罪恶的现实问题，引发了他的深刻思考。

知识点

知识社会学是社会学的一个分支，由于人类的知识和思想受其所属社会的影响极大，曼海姆将研究知识与社会之间关系的学问称为知识社会学。

知识，指的是社会科学知识，而社会科学知识的大部分内容属于意识形态范畴。所以，对意识形态问题的研究，既是曼海姆知识社会学的展开基础，也是其主要内容。

为了更好地理解意识形态，曼海姆对意识形态进行了划分：

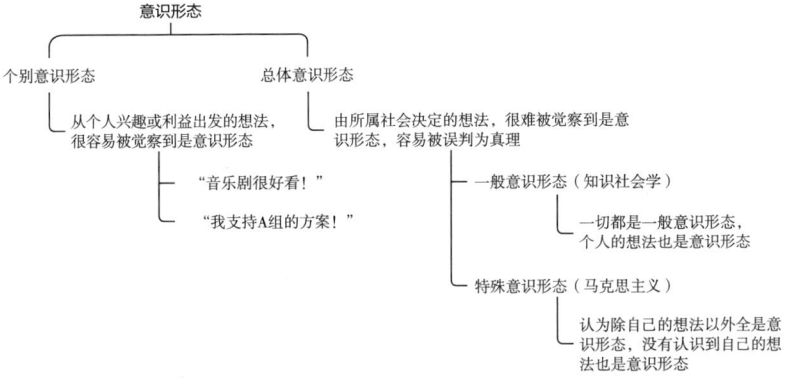

马克思曾指出，个人所有的知识与思想，也就是世界观，都是由其所属的社会结构所定义的意识形态。曼海姆认为，要建立知识社会学，需要站在相关主义的立场上，对一般意识形态的存在有自觉意识。简言之，必须先承认自己的主张是意识形态，是受限的知识，真理只能从有自觉意识的知识和思想中得出。

08 研究特定领域的社会学　　连字符社会学

人类的知识和思想会受到所属时代和社会的影响，最为典型的例子就是对宇宙的认识。

自古以来，人们一直对宇宙充满好奇与疑问，前人对地球的运动提出过不同的设想。在两千多年前，一些学者提出了"地心说"，他们认为地球位于宇宙的中心，其他的天体都围绕着地球转动。可是，随着观测记录增多，许多现象难以用"地心说"解释，尽管有学者增加了理论模型，解释了一部分现象，但在该理论下的行星运动，仍然显得复杂难解，尤其是天体的"逆行现象"。

文艺复兴时期，随着科技的进步、观察结果的增多，支持"日心说"的证据逐渐出现，这一理论下的行星运动轨迹，变得简洁而清晰。后来，在天文观察与逻辑推理的基础上，哥白尼构建了全新的"日心说"宇宙论，拉开了近代自然科学的帷幕。

一个时代或社会的知识框架被称为"范式"。在对宇宙的认识上，范式从"地心说"转变成"日心说"，但宇宙本身并没有发生改变。这也证明，科学知识是独立于事实存在的。

> **知识点**

考察科学与社会之间关系的学科被称为"科学–社会学",有多少科学领域就有多少与之相关的社会学,曼海姆将研究特定领域的社会学称为"连字符社会学",如医学–社学会、经济–社会学、文化–社会学、教育–社学会、犯罪–社会学等。

事实经过研究和实践,可以得出科学的结论;科学是对事实的解释与论证,必须以概念框架为前提,许多科学事实是在一定的概念框架下的解释。需要说明的是,有些"科学"是被社会制造或利用的,并不是事实,如"××民族的基因是最优秀的""女性有母性本能"等。

09 生产力的发展驱动着历史的演进　唯物史观

科学是揭示事物存在与变化的因果必然性规律,且能够在实践中检验这些规律是否正确的知识体系。因此,科学的历史观就是揭示社会历史发展与存在的因果必然性规律的历史观。在形形色色的历史观中,马克思的唯物史观最具科学的品格。

恩格斯于《在马克思墓前的讲话》中指出:"正像达尔文发现有机界的发展规律一样,马克思发现了人类历史的发展规律，即历来为繁芜丛杂的意识形态所掩盖着的一个简单事实：人们首先必须吃、喝、住、穿，然后才能从事政治、科学、艺术、宗教等；所以，直接的物质的生活资料的生产，和由此造就的一个民族或一个时代的特定经济发展阶段，便构成基础，人们的国家设施、法的观点、艺术以至宗教观念，就是从这个基础上发展起来的，因而也必须由这个基础来解释。"

人要生存，必须从事维持生存需要的物质生产实践活动；从事物质生产实践活动，必然会不断提升人们认识与改造自然的能力。随着物质生产能力的提高，以生产关系为基础，体现人类意识的政治制度与文化就产生了，从而促使社会经济形态持续地从低级向高级发展。

知识点

马克思认为，社会形态是按照奴隶制、封建制、资本主义、社会主义、共产主义的顺序演进的，而引发人类社会历史运动的原动力不是人类意识之类的精神性事物，而是生产力发展之类的物质性事物。人类所达到的生产力的总和决定着社会状况，生产力的不断提高才是人类社会历史发展的根本原因。这就是唯物史观，也称历史唯物主义。

10 经济基础决定上层建筑　　意识形态

我们经常会听到一句话——"经济基础决定上层建筑",这句话是什么意思呢?

知识点

唯物史观在解释人类社会的历史发展时,把人类活动划分为相对独立又紧密相关的两个部分:基于各个时代生产关系的经济结构是构成社会的基础,称为"经济基础";社会的政治、法律、道德、哲学、艺术、文化等建构于经济基础之上,称为"上层建筑"。

经济基础与上层建筑的关系,可以从两个角度来理解:

其一,物质生活的生产方式,制约着整个社会生活、政治生活与精神生活的过程。这种"制约"体现在,经济基础决定了上层建筑的性质。比如,在中世纪的封建制度下,"奢侈"是被严格禁止的;而在资本主义制度下,它却被人们所憧憬。

其二,社会的物质生产力发展到一定阶段,原有的上层建筑必然发生或慢或快的变革,以适应新的经济结构的要求。

> **知识点**

在共同的社会条件下被普遍接受的观念,被称为意识形态。马克思认为,法律、政治、道德、文化等上层建筑都属于意识形态,人类的意识不是由自己创造的,而是由经济基础决定的。

根据唯物史观的观点,社会的经济形态决定着社会的性质,不同的社会经济形态反映的是不同社会的经济基础。当经济基础因为生产力的提高而发生变化时,上层建筑也会随之发生变化。

11 社会系统运作的关键要素　　AGIL 图式

第二次世界大战之后,美国社会不断发展,许多层面的矛盾和问题日益凸显。面对这样的现实,对经济与社会学有着浓厚兴趣的塔尔科特·帕森斯,一方面汲取了孔德、斯宾塞、涂尔干等实证社会学家的社会团结、结构、功能等思想,另一方面也吸收了德国社会学家韦伯、齐美尔对个人意愿的看法,开创了独特的社会行动结构论,为社会学带来了一个宏大的理论系统。

> **知识点**

帕森斯认为,从整体的社会系统,到微观的组织、群体和家庭,为了存续和发展，都需要实现四个基本功能：适应（Adaptation）、目标达成（Goal-attainment）、整合（Integration）、维持模式（Latency pattern maintenance），即AGIL图式。

○ A——Adaptation　适应

系统必须要获取资源、应对变化、适应环境，以确保生存和发展。

○ G——Goal-attainment　目标达成

系统需要制订和实现共享的目标，调动相应的资源来促成系统目标。

○ I——Integration　整合

系统需要内部的协调与配合，以确保内部成员之间的和谐关系。

○ L——Latency pattern maintenance　维持模式

系统需要维持一种稳定的模式和秩序，以保持其持续地运行和存在。

知识点

社会系统作为行动系统的一个子系统，在行动系统中发挥着整合功能；而社会系统的存在，也要依赖于其内部各组成部分的整合，即社会系统的各个组成部分也要满足AGIL功能条件。

经济制度→适应功能：通过经济活动把自然资源转化为产

品，满足成员的各种需求。

政治制度→目标达成功能：通过权力与权威的作用，组织人力与物力开展实现目标的行动。

法律制度→整合功能：通过威慑与调节，使社会成员与组织维持某种程度的团结与合作。

家庭、教育与宗教制度→维持模式功能：通过保存、传递文化，维持基本的价值规范，使社会不受成员更替的影响。

帕森斯的理论开创了社会系统理论的先河，将功能主义引入社会学，同时融合了马克思、涂尔干等人的思想，建构了抽象的结构功能主义理论，成为20世纪著名的社会学范式。不过，帕森斯的结构功能主义也饱受争议，其认为社会具有稳定不变的结构，缺少对社会变迁的关注，且过于强调社会结构对个人的制约作用，忽略了人的主观能动性。

12 社会结构与个体实践的互动　　结构化理论

20世纪30年代，帕森斯融合欧洲社会学的实证主义传统与人本主义传统，建立了结构功能主义，实现了社会学的第一次大规模的理论融合。到了20世纪80年代，安东尼·吉登斯开展了比帕森斯视野更加广阔的又一次社会学理论融合，建立了内容丰富的结构化理论。

帕森斯关注社会系统的整体功能与相互依赖，认为社会是一个稳定的系统，通过各子系统的协调与功能来维持社会秩序。吉登斯也认识到社会结构的重要性，但他更强调社会结构与个体实践之间的相互作用。

知识点

结构，是指社会中存在的模式、规则和资源分配方式，包括社会制度、社会规范、社会关系以及社会组织等方面的元素，是社会秩序的基础，对个体行动提供框架与指导。实践，是指个体基于自身理解和目标，通过行动来改变和塑造社会结构。吉登斯认为，个体的实践受到社会结构的制约和影响，但个体也可以通过实践来改变社会结构，形成一种动态的互动关系。

社会对于男性和女性在家庭、职场中的角色期望存在差别，这是性别结构的一部分。但是，个体也可以通过行动来改变性别结构，比如，女性通过抗议、宣传等方式，开展争取平等权利的女权运动，旨在改变性别结构中的不平等现象。

吉登斯的结构化理论提供了一种综合性的框架，用于理解社会结构和个体实践之间的相互作用，并揭示了社会变迁的机制。它对于研究社会问题、解释社会行为和推动社会变革都具有重要的意义。

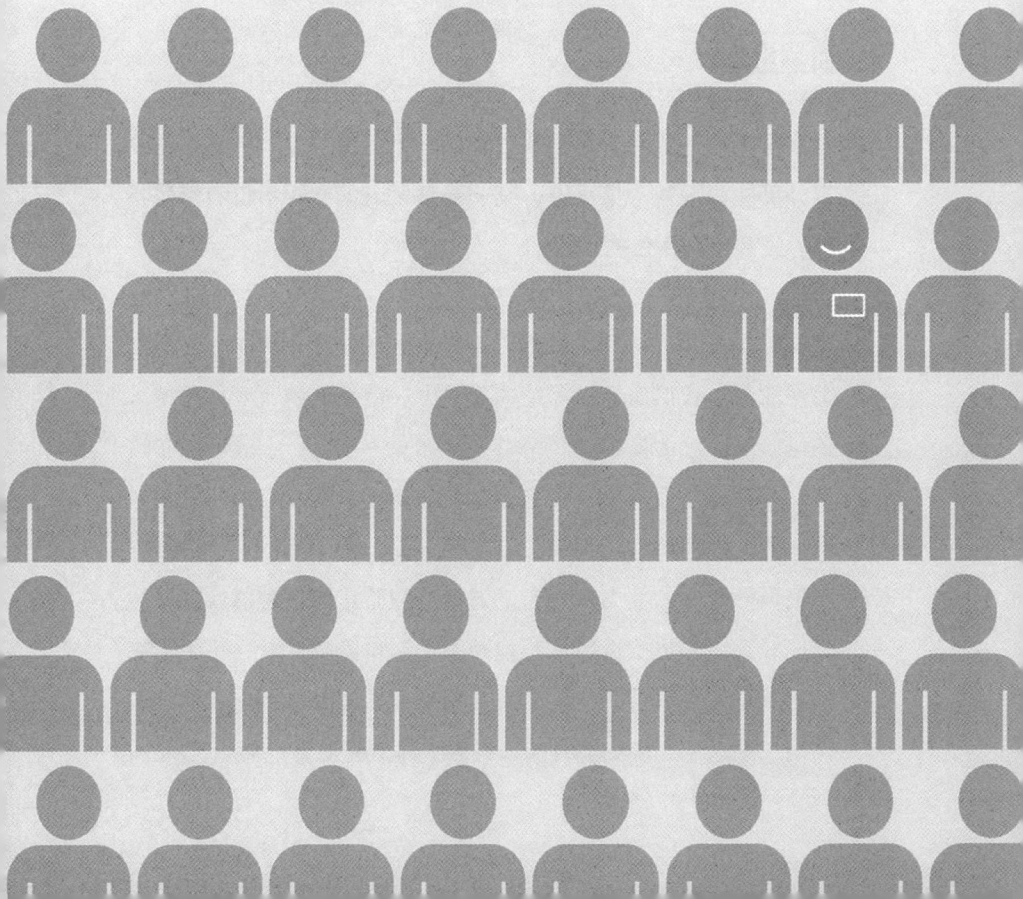

CHAPTER 02
谁决定了你是谁？

13 狼孩属于"人"吗? 社会化

面对生活和工作的压力,不少人会幻想进入一个与世隔绝的世外桃源,像陶渊明在《桃花源记》里描述的那样怡然自乐。那么,这个世界上有没有与世隔绝的人呢?生活在这样的环境之中,会发生什么呢?

知识点

社会学中有一个专有名词叫"塔斯马尼亚岛效应",是指在没有外部知识灌输的情况下,某一局部区域的文明不仅会停滞不前,还会出现倒退的现象。

17世纪中叶,欧洲的冒险家们乘坐轮船第一次踏上了塔斯马尼亚岛。在这座与世隔绝的孤岛上,他们看到了宛如原始人的塔斯马尼亚土著。

塔斯马尼亚人的身上披着沙袋鼠皮,衣服没有任何缝制过的痕迹,他们除会使用石头、木棒等简单的工具以外,连制作一把原始斧头的能力都没有。对此,冒险家们极为震惊,毕竟连已经灭绝的尼安德特人都能熟悉地制作狩猎工具,可生活在17世纪的塔斯马尼亚人,却完全没有制造工具的概念,他们的文明几乎退化到了史前时代,经常跟岛上的动物抢食。

最终，塔斯马尼亚人在外来者的屠杀下灭绝了。

塔斯马尼亚人犹如一面镜子，让我们窥见了一个真相：与世隔绝并不是世外桃源，而是人类文明的灾难。由此，我们延伸出一个问题，如果一个人从出生开始就与世隔绝，又会怎样呢？

1920年，印度传教士辛格在印度加尔各答的丛林里发现了两个被狼哺育的女孩，大的女孩约8岁，小的女孩约1.5岁，辛格分别为她们起了名字——"卡玛拉"和"阿玛拉"。

当两个女孩被带进孤儿院时，她们的一切生活习惯都和野兽一样。她们不会用双脚站立，完全靠四肢爬行；不穿衣服，不肯洗澡，随地大小便；她们白天经常睡觉，害怕见光，在日光下会把眼睛眯成缝，且不停地眨眼；夜晚表现得比较兴奋，每到夜里10点、1点和3点，就会发出非人非兽的叫声。

她们不懂语言，也发不出人类的音节，经常蜷伏在一起，不愿靠近他人；她们不会用手拿东西，吃东西时狼吞虎咽，喝水用舌头舔；若进食时有人靠近，她们就会发出"恐吓"的呜呜声。

辛格夫妇耐心地照料和教育她们，小女孩阿玛拉"学习"的速度比大女孩卡玛拉快一些。进入孤儿院2个月后，阿玛拉能在感觉口渴时说出孟加拉语的"水"，且较早对其他孩子的活动表现出兴趣。遗憾的是，进入孤儿院不到一年，阿玛拉就去世了。

大女孩卡玛拉进入孤儿院16个多月，才学会用膝盖走路；2年零8个月，才会双脚站立；5年多才学会走路，但在跑起来时仍然会退回到四肢爬行的状态。她用了2年零1个月的时间，才学会说第一个词语"ma"；4年的时间，只学会了6个字；7年后，也只学会了45个字，勉强能说出用3个字组成的句子。卡玛拉活到了17岁，直至离世，她也没有真正地学会说话，智力只相当于三四岁的孩子。

卡玛拉和阿拉玛是人类的后代，但她们长期脱离人类社会环境，没有经过"社会化"，没有发展出大脑的功能，也不具备人的意识和抽象思维，故而只能算作是在生理上具有人类特征的一种生物，而不是具有社会学意义的人。

知识点

社会化，是指由生物人（自然人）到社会人的转变过程。

20世纪50年代的社会化研究是狭义的社会化，主要以儿童为研究对象，研究从"生物人"到"社会人"的转变过程。20世纪50年代以后，在美国社会学家帕森斯的推动下，广义的社会化研究开始发展，广义的社会化不仅仅指"生物人"向"社会人"的转变过程，还指内化社会规范、学习如何扮演社会角色、逐渐适应社会生活的过程；它不仅仅是儿童时期才会遇到的问题，而是贯穿人生始终的长期过程。

科学研究表明，人刚刚出生时不具备任何的社会能力，所有的生存技能与科学知识都是在社会生活过程中通过学习慢慢积累起来的。每个人都必须经过社会化，在与社会的互动过程中，逐渐养成独特的人格与个性，只有通过社会知识内化和角色学习，人才能够适应社会、参与社会生活，并在社会环境中生存。社会化是人类社会运行的前提，也是人类文化不断延续和发展的条件。

知识点

社会化的基本内容包括四个方面：
其一，促进个性形成、培养自我观念；
其二，教导基本生活技能；
其三，教导社会规范；
其四，培养社会角色。

【知识链接】

1.早期社会化

早期社会化发生在个体生命的早期，即婴儿至青少年时期的社会化，主要学习和掌握作为社会成员应具备的行为规范、认知技能、交际语言，将社会文化与价值标准内化，正确理解社会关于各种角色的期望和要求，是整个社会化过程的基础。

2.继续社会化

继续社会化是在基本社会化的基础上，继续学习知识、经验与行为规范，以适应新的环境和新的角色。

3.再社会化

广义上的再社会化，是指生活环境突然改变，个体自愿地放弃原有的价值观念与生活方式，认同一种全新的价值观念与生活方式。

狭义上的再社会化，是指对背离当时社会规范的人，通过特殊机构（如监狱、劳动教养所等）在强制的条件下进行社会化，促使个体改变过去的恶习与生活方式。

4.反向社会化

年轻一代将知识与文化传递给前辈的过程。

14 人在出生时没有自我　　镜中我

如果不照镜子的话，我们能看到自己的外表吗？显然不能。同样，想要了解自己的社会形象，即"我是一个什么样的人"，也需要一面"镜子"来反映。那么，这面"镜子"是什么呢？

> **知识点**
>
> 美国社会学家查尔斯·霍顿·库利提出了一个重要的社会心理学概念——"镜中我"，他说："每个人都是另一个人的一面镜子，反映着另一个过路者"，即自我观念是通过与他人的社会互动形成的。换言之，我们是在与他人的互动中认识自我的。

库利在《人类本性与社会秩序》一书的第五章"社会自我——'我'的意义"中提到："我"的概念，不是独立于普遍生活之外的某种东西,把"我"和社会分开是一种谬误。自我观念看起来是主观的,其实依赖于客观、依赖于社会,因为人在出生时并没有自我,自我是通过与他人的相互作用形成的。

知识点

库利认为,自我认识的形成过程有三个阶段:
(1)想象自己在他人眼中的形象。
(2)想象他人如何评价自己的形象。
(3)对他人这些认识或评价的感觉。

艾米丽是一位研发专员,一直渴望在专业领域做出成就。

前几天,她参加了公司的一个重要会议,并做了一场精彩的演讲。会议结束后,艾米丽得到了老板和同事的称赞与鼓励,大家对她的表现给予了高度的认可。这些积极的反馈让她感到自豪和满足,她开始相信自己是一个有能力的职业女性。

时隔两天,艾米丽收到了一份匿名的电子邮件,里面充斥着贬低她的言辞和充满攻击性的评价,对她的形象和能力进行了严厉的批评,质疑她的资历与能力。这些负面的反馈像一盆冷水,浇熄了艾米丽内心刚刚燃起的一点自信,让她开始自我怀疑,情绪跌入谷底。

每个人都是通过观察他人的反馈和评价来构建自己的身份与认同感的,这种社会反馈对于个体的自我形象塑造、情绪状态和行为表现有很大的影响。艾米丽的经历和感受，想必你也曾体验过，他人对我们的评价和认知，会让我们产生某种感情，并主导我们对自己的"认知"。

知识点

"镜中我"是个体自我意象中不可或缺的一部分，而自我意象又影响着个体的真实自我。不过，当我们过于相信"镜中我"时，往往会出现一些自我概念的判断失误，不自觉地把"我是什么样的人"交给他人去定义。

上述的情况在生活中很普遍，最常见的表现有三种：

（1）过分在意他人的看法，很容易因为他人的评价而怀疑自我、否定自我。

（2）为了让他人满意而形成讨好型人格，忽略自我的真实感受。

（3）做事总想让所有人都满意，故而左右摇摆，无法确定方向和目标。

知识点

面对"镜中我"效应，想避免自我概念的判断失误，要谨记以下两点：其一，反思自我时，要像照镜子一样，各个角度都照一照，看到多面的自己，获得对自己客观、全面的认知。其二，不要只依赖一面镜子，也就是说，不能只凭借某个人或少数几个人对自己的看法和态度，就对自己妄下结论。毕竟，他人的看法和评价不能完全代表事实，里面掺杂着许多个人的观点和喜好。

15 为什么孩子喜欢玩"过家家"？ 角色扮演

回想儿时玩过的游戏，有些朋友可能对"过家家"印象深刻：几个小伙伴凑在一起，有人扮演"爸爸"，有人扮演"妈妈"，还有人扮演"孩子"；偶尔还会更换场景，有人扮演"医生"，有人扮演"病人"……为什么不同文化背景之下的孩子都热衷于玩"过家家"的游戏呢？这个游戏的背后蕴含着哪些社会学意义呢？

知识点

1935年，美国社会学家乔治·赫伯特·米德将"角色"一词引入社会学领域，后来逐渐形成角色扮演理论。角色扮演理论认为：个体通过扮演他人的角色，来获得运用和解释有意义的姿态的能力，从而了解社会上的各种行为习惯与规范，最终实现自我的社会化。

角色扮演需要一种可以洞悉他人态度与行为意象的能力，包括理解常规姿态的能力，运用这一姿态扮演他人角色的能力，以及想象演习各种行动方案的能力。这种能力不是与生俱来的，而是在社会过程之中、在社会互动的经验母体之中产生和发展的，米德将其称为"心灵"。

"过家家"不只是一个简单的游戏，它是个体人格发展过程中自我意识的萌芽。米德将自我分解成相互影响、相互作用的两个部分，即"主我"与"客我"。

知识点

"主我"，是指个人的主体意识、自我认知，是先发展起来的；"客我"是从周围观察到的他人对自己的态度、评价和角色期待，属于自我的社会部分，是在社会互动过程中形成和发展起来的。完整的自我既是"主我"也是"客我"，个人的自我意识是在两者的不断互动中产生的。

【知识链接】

利用"角色扮演"的游戏教育孩子

心理学家做过一个有意思的实验：他们邀请了一些不太懂礼貌的孩子，参加一个"特别"的晚餐。在晚餐中，这些孩子竟然一反常态。由于受到了安静、高雅的环境氛围的熏染，他们意识到自己是有教养的"客人"角色，并按照这种社会角色来约束自己，很快就表现得有礼貌了。

这个实验说明，如果能赋予孩子适当的角色，那么当他对这个角色有了一定的理解时，他就会按照角色的规范来要求自己，在个性心理或行为上发生一些变化。所以，在教育孩子的过程中，不妨有针对性地为孩子安排一些角色扮演活动，从而让他习得某些知识或规范。

16 人可以与自身进行互动　　自我互动

米德的"主我"与"客我"理论得到了他的学生——美国社会学家、传播学者赫伯特·乔治·布鲁默的继承和发展，他在1969年出版的《符号互动论：观点与方法》一书中提出了人能够与自身进行互动的观点，即自我互动论。

知识点

自我互动论认为，人是拥有自我的社会存在，人在将外界事物与他人作为认知对象的同时，也把自身作为认知的对象。在此过程中，人可以认识自己，拥有自己的观念，与自己进行沟通或传播，并对自己采取行动。

自我互动，从本质上来说，是个体与他人的社会互动的内在化，也就是与他人的社会关系或社会联系在个人头脑中的反映。不过,这种反映并不是简单的重现。

布鲁默指出,人在面对他人的期待和评价时,并不是原原本本地接受,而是会思考这些期待和评价对自己而言有什么意义。然后,会沿着自己的立场或行为方向,对他人的期待和评价进行能动的解读、筛选、修正和加工,在此基础上重新进行组合。经过这个过程之后,原来的自我就会发生改变,形成新的意志和行为主体。

17 人格发展的八个阶段　　社会心理危机

美国精神病学家、发展心理学家爱利克·埃里克森认为,每个健康的个体从出生到死亡都会经历八个社会心理发展阶段,每个阶段都会经历不同的社会心理危机,这些经历会对一个人产生积极或消极的影响。

在埃里克森看来,人的自我意识发展是持续一生的,他把人的心理发展划分为八个阶段,指出每一个阶段都有其特定的社会心理任务,以及对应的社会心理危机。

所谓社会心理危机,可以理解为个体与环境的一种不协调状态,即个体的成长需要与环境限制的冲突。如果冲突顺利解决,自我的心理力量和环境适应能力就会得到发展,这是解决其他后续问题的关键力量。如果某一阶段的冲突未能解决,则会产生不健康的个性和自我意识。

知识点

阶段	年龄	社会心理危机	冲突解决	冲突未解决
第一阶段	0~1.5岁（婴儿期）	信任 vs 不信任	信任感、安全感	猜疑、焦虑
第二阶段	1.5~3岁（幼儿期）	自主 vs 羞怯	自主性、自信心	恐惧、怀疑
第三阶段	3~6岁（学龄前期）	主动 vs 内疚	创造力、想象力	内疚、无力
第四阶段	6~12岁（学龄期）	勤奋 vs 自卑	优越感、成就感	自卑、怠惰
第五阶段	12~19岁（青春期）	同一性 vs 角色混乱	身份认同	角色混乱
第六阶段	19~40岁（成年早期）	亲密 vs 孤独	亲密、幸福	孤立、孤独
第七阶段	40~65岁（成年中期）	繁衍 vs 停滞	奉献、价值	停滞、脱节
第八阶段	65岁以后（老年期）	自我整合 vs 绝望	满足、宁静	遗憾、绝望

○ **第一阶段：信任vs不信任**

人生的最初阶段，婴儿通过与照顾者（通常是母亲）的互动，形成对世界的基本看法。如果这一阶段的基本需求能够及时得到满足，获得很好的照料，婴儿就会形成基本的信任感，认为世界是安全、可预测和能满足自己需求的地方。反之，则会产生猜疑与焦虑，认为世界是不安全的。

○ **第二阶段：自主vs羞怯**

这一阶段的孩子，重点发展的是对身体的控制能力和独立性。在此过程中，如果他得到了足够的支持与鼓励，会对自己在这个世界上的生存能力充满信心。反之，则会对自己的能力感到怀疑和羞怯，过度依赖他人。

○ 第三阶段：主动vs内疚

这个阶段的孩子，主要通过竞争和社交活动来认可自己，发展出主动意识，是社交能力成长的重要时期。他们显得很喧闹，表现出超常的求知欲，经常提出各种各样的问题。如果这种倾向被控制、被批评，会压制孩子的发展，让他们产生内疚感与无力感，影响自我价值观与自我效能。

○ 第四阶段：勤奋vs自卑

这一阶段的孩子开始在学校和其他社会环境中学习新的技能，并与更大的社交群体互动。如果他们在学习新技能、处理社交关系方面得到了鼓励和支持，便会认为自己是有能力、有价值的，发展出一种健康的勤奋感与优越感。反之，则会发展出一种自我怠惰和自卑感，怀疑自身价值与能力，逃避挑战，对学习和社交活动丧失兴趣。

○ 第五阶段：同一性vs角色混乱

青春期是童年到成年的过渡阶段，这一阶段的孩子会通过对个人价值观、信仰和目标的探索，寻求自我意识和个人身份认同。如果发展顺利，就有可能形成稳定、独特的自我同一性，对自己有一个清晰的认识，知道自己是谁、想成为什么样的人，对未来有明确的目标。如果在探索身份的过程中遇到了困难，会导致角色混乱，不知道自己在社会中的位置。

○ 第六阶段：亲密vs孤独

这一阶段，人们开始探索与原生家庭之外的人建立长期、稳定、有承诺的关系。如果发展顺利，便可以与他人共享生活，建立深厚的友情和爱情，感受到自信与幸福。反之，则会感到孤独，无法与他人建立亲密关系，或是无法处理亲密关系中的冲突与问题。

○ 第七阶段：繁衍vs停滞

成年中期的人们需要追求比自己生命更持久的事物，如果在这一阶段成功地培育了下一代，或是做出了有意义的贡献，便会感觉生活充满价值和意义。反之，则会感到停滞，对生活感到不满。

○ 第八阶段：自我整合vs绝望

步入晚年后，人们会放慢脚步并回顾过往的生活，如果可以接受自己的生活经历，接受所有的成功与失败，会产生一种满足感和完整感，毫无畏惧地接受死亡的到来。如果无法接受自己的过去，或是对生命结束感到不安和恐惧，就会发展出一种绝望感。当今社会，老年抑郁症是一种常见的心理问题，老年人的自杀率不容小觑。

埃里克森的人格终生发展理论为不同年龄段的教育提供了理论依据和思路。这八个阶段是相互关联和依赖的，每个阶段都是前一阶段的延续和基础，也为下一个阶段的发展提供了条件。同时，埃里克森指出，个体在某个阶段的发展任务可能在后续阶段出现问题，但也可以通过后续阶段的发展来修正和弥补。

18 社会地位是什么意思? 　　社会地位

从事销售工作的C君,起初并不愿意做这份工作,提及原因,他面带怯意地说:"这工作很辛苦,社会地位也比较低,可我当时没有工作经验,也没有好的家庭背景,为了维持生活,我只能选择入职……"现在,C君从事这份工作已经有7年了,也从一个普通的销售员晋升为销售主管。此时的他,无论是对这份工作,还是对社会地位的看法,都有了更加深刻的认识。

我们经常会听到"社会地位"这个词语,多数人能够理解它所代表的含义,但要做一番详尽的解释,恐怕只有极少数人能做到。那么,社会地位到底是什么意思呢?

知识点

社会地位,是指某一群体或社会中某一确定的社会位置,这一位置赋予成员特定的权利和义务。人们获得社会地位主要通过两种方式,即先赋地位与自致地位。

○ 先赋地位

一个人通过承袭得到其在社会分层体系中所处的位置,或者说从出生起就会被赋予的、无法改变的位置,如种族、国别、民族、年龄、性别和家庭背景等。

○ 自致地位

一个人在生命历程中依靠个人努力获得的社会地位，现代社会中的多数职业是自致地位，如职务、职称、学衔等都是通过后天的活动与努力获得的。

先赋地位，对应的是先赋角色，即建立在血缘、遗传等因素基础上的社会角色；自致地位，对应的是自致角色，即通过努力追求获得的社会角色。两者相互依存，自致角色在一定条件下可以转换成先赋角色；在现有的先赋角色下，通过努力也可以上升到一个更高的自致角色。

19 如何扮演不同的社会角色？ 角色冲突

生活就像一个随时变换场景的舞台，每个人都是演员，身兼多种角色。就像莎士比亚在《皆大欢喜》中所说："整个世界是一个大舞台，所有的男男女女都是一些表演者。他们有时上台有时下台，每个人在一生中都扮演着不同的角色。"

知识点

社会角色，是指与某种社会地位、身份相一致的权利、义务的规范与行为模式，是人们对特定身份的人的行为期望，是构成

社会群体或组织的基础。

任何一个人都不可能仅仅承担某一个社会角色，而是集多种社会角色于一身。这些社会角色各有差异，却都属于一个整体，相互影响、相互促进、协同增效。每一个角色对其他角色都有影响，各个角色之间不是你输我赢的对立模式，而是相互依赖的共赢模式。很多时候，一个社会角色饰演得不好，往往也会影响到其他角色。

林莎有很强的事业心，最近又晋升为公司的行政主管，每天都处在忙碌的状态中，对家庭的关注很少。然而，忙碌与效能从来不是对等的关系。她尚未完成角色上的转型，仍然习惯把所有事务性工作都压在自己身上，忽略了授权的重要性。

忙忙碌碌却没有业绩，林莎备感焦虑，这种情绪上的压抑，被林莎无形中带回了家，影响到她在家庭中的角色——妻子。幸好，林莎目前还没有孩子，否则她极有可能成为一个急躁、没有耐心而又时常自责的母亲。

知识点

一个人同时扮演几个不同的角色，由于难以协调或胜任，导致发生矛盾和冲突的现象，被称为角色冲突。角色冲突分为两种，角色间冲突与角色内冲突。

角色间冲突，是指一个人所承担的不同角色之间发生的冲突。

角色间冲突主要表现为两种情形，一是时间、空间上的冲突，二是行为模式上的冲突。

　　作为行政主管，林莎肩负着管理的责任；作为妻子，林莎有与爱人共同照顾家庭的责任；作为女儿和儿媳，林莎也有孝敬长辈的义务。当她把更多的精力投注在"行政主管"这一社会角色中时，就很难腾出时间和空间去关注家庭，饰演好妻子、女儿或儿媳的社会角色。

　　另一方面，林莎从普通员工晋升为行政主管，职场角色发生了改变，但她并未完全适应管理者的角色，在行为模式上仍旧延续着"优秀员工"的风格，致使新旧角色产生了冲突。

角色内冲突，是角色伙伴——两个或两个以上对同一角色抱有相矛盾的角色期望所引起的冲突，最典型的例子就是"忠孝两难全"。

知识点

当一个人能够成功扮演不同社会角色时，既满足了社会的期望，也满足了个人的需求，可以较好地维持心理平衡。反之，总是陷入角色冲突中，就会导致角色超负荷。研究证实，体验到角色超负荷的人会心率加速，胆固醇增高。米德将这种现象称为"角色紧张"，角色紧张会对个体的身心健康造成负面影响。

要消除角色冲突带来的不良影响，个体需要加强扮演不同社会角色的协调能力。如果某些角色冲突难以协调，就要明智地从过多的角色中解脱出来，找到合适的平衡点，根据当下的处境权衡轻重缓急，做出阶段性取舍，实现一种动态的平衡。

20 你渴望成为什么样的人？　**参照群体**

青少年时期，许多人有过"追星"的经历，如收集偶像的明信片、购买娱乐周刊、收藏专辑等。当互联网盛行之后，"追星"的方式也从购买卡带、明信片转变为关注社交媒体账号，模仿时尚博主的日常穿搭、参考意见领袖的生活理念，人们唯恐被时代的潮流落下，故而紧紧追随这些群体的步伐。

当然了，偶像不仅限于演艺群体，任何一个领域的成功者，都有可能成为我们心目中的榜样，发挥指引和领航的作用。被视为理想或榜样的人群，在社会学中被称为参照群体。

知识点

参照群体，是指个体在评价自己的态度、行为和价值观时所依据的一个群体。参照群体包括各种不同的群体，如家庭、同学、朋友、职业圈子、媒体等。

参照群体对于一个人的社会化和身份建构发挥着重要的作用，

个体会将参照群体作为一种标准，用来评价自己的行为是否符合群体的期望和规范。个体会试图与他们认为重要的、值得尊重和学习的群体保持一致，这种一致性可以增强个体的社会认同感与归属感。另外，参照群体的观点、态度和行为规范也会对个体造成压力和影响，促使个体在某种程度上与群体保持一致。

21 不属于任何一个文化圈　　边缘人

美国社会学家罗伯特·E.帕克是芝加哥学派的代表人物之一，也是一个大器晚成的人。他39岁时获得博士学位，50岁时开始从事社会学教学，59岁时才获得教授头衔。在社会学领域，"边缘人"是帕克提出的一个重要概念。

知识点

边缘人，是指在两个或多个文化、社会或群体之间生活的个体。边缘人通常处于文化、社会或群体的边缘地带，既不完全属于其中一个群体，也不完全属于另一个群体。

1928年，帕克在《人类迁徙行为及边缘人》一文中，正式提出"边缘人"理论，并对"边缘人"的特征进行了总结："边缘人是命中注定要生活在两个社会和两种文化中的人，两种文化不仅是不同的，而且是对立的；他的思想是两种难以熔化的文化的熔炉，在这个熔炉里，两种文化或者全部熔合，或者部分地熔合在一起。"

边缘人的存在是由于现代社会具有多元性和不断变化的特征，他们可能是移民、流动人口、跨国工作者、少数族裔或文化背景不同的人，在不同的文化环境中生活、工作和社交，经历着多个社会和文化身份的交织和冲突。

知识点

帕克认为，边缘人在文化传统、价值观和行为规范之间的交叉点上，具有一种独特的视角和体验，可以看到并理解不同文化、社会和群体之间的联系和冲突，能够促进不同文化之间的相互了解和融合。与此同时，由于边缘人不完全符合特定文化或社会群体的期望和标准，他们可能会面临被排斥、被孤立或被视为"外来者"的风险，影响他们的自我认同、社会互动与心理健康。

22 身体是人类的第一个工具　　身体技术

提到"技术"时，你可能会联想到"工具"。然而，法国社会学家、人类学家马塞尔·莫斯却把"技术"和"身体"联系在一起，提出了"身体技术"的概念。

知识点

莫斯认为，"身体是人类第一个，也是最自然的工具，或者不说成是工具，是人类第一个，也是最自然的技术对象，同时也是技术手段。"

如何来理解"身体技术"的概念呢？莫斯举了一个通俗易懂的例子。

一位年轻土著妇女督促女儿注意走路的步态，要求她在走路时松散地扭动胯部。在我们看来，这种步态看起来并不那么雅观，可是对于某些民族来说，却是一种值得欣赏的美好仪态。每当女儿不以这种步态走路时，母亲都会提醒她。

这样的情形在生活中并不少见，只是我们鲜少关注而已。比如第一次世界大战时期，法国人的行军和跑步姿态与英国人截然不同；法国修道院长大的女孩子，从小就被训练走路要握拳。莫斯想要传达的意思是，某种具体身体技术的形成与社会学、生理学、心理学密切相关，不同的社会、习俗、教育、礼仪、声望等都会影响身体技术的呈现方式。

> **知识点**
>
> 身体技术不是与生俱来的,是技术教育的产物,通过个体接受的全部教育、所属的社会、所占据的位置等要素聚集而成。换言之,身体技术是社会性的,是后天的社会文化塑造、传承的结果,身体技术的获得也是一种个体的社会化过程。

莫斯将身体技术根据性别、年龄、效率以及传承形式划分为四类,以个人年龄的增长及生命历程对身体技术作了传记式列举:

(1)生育和分娩时的技术。

(2)孩童时期的技术。

(3)青少年时期的技术。

(4)成人时期的技术。

身体技术的形成,基本都源于社会、文化、环境中的典范与命令,与特定的社会文化情境相适应,是个体参与社会生活的前提。莫斯还指出,个体在青春期所习得的有关身体的决定性技术将会贯穿整个成人生活,也就是说,群体间"身体技术"的某种约定(也可以理解为技术教育的产物)影响了个体今后"身体技术"的行为表现,身体技术受技术教育的支配与限制。

23 为什么你会"这样做"? 　场域-惯习

　　蔷薇生长在一个重视节约和省钱的家庭,从小到大经常被教育"买东西要先看价格""寻找打折的商品""买奢侈品是浪费"。蔷薇长大后,有了一份收入不错的工作,经济状况并不拮据,但她仍然无法坦然购入自己真心喜欢的东西,总是忍不住对比价格,选择较为便宜的;偶尔给自己多添置了一些东西,还会萌生负罪感,觉得自己浪费了钱。

　　舒航生长在一个重视教育的家庭,父亲是大学教授,经常鼓励她多读书,要培养终身学习的习惯。时至今日,书依然是舒航生活中不可或缺的伙伴。研究生毕业后,舒航又去了德国深造,她希望自己可以一直保持求知欲。在日常生活中,她也是一个擅长学习的人,热衷美食和旅行,在满足味蕾和心灵的同时,了解和体验不同的文化。

　　看完上述两个案例,你一定会感受到,家庭环境和家庭教育对一个人的影响有多么深刻。正因为如此,越来越多的人开始探索原生家庭的羁绊,学习儿童教育的理论。现在,我们跳出心理学的视角,看看社会学家是如何看待这个问题的。

知识点

　　法国社会学家皮埃尔·布尔迪厄是享誉世界的社会学大师,其

> **最著名、最重要的贡献之一就是提出了"场域–惯习"理论。这一理论认为，个体的行为与思维方式不仅仅是个体选择的结果，更是社会背景和文化环境塑造的产物。**

如何理解微观的个体行为与宏观的社会结构之间的关系，是社会学领域备受关注的一个话题。布尔迪厄的"场域–惯习"理论认为：各种不同的"社会小世界"就是各种"社会小场域"，它们相互独立，其内部有各自行动的规范和制度，各种社会小场域相互联系，构成了社会这个"大场域"。

"场域"与"惯习"之间是一种对应关系，即特定的场域产生特定的惯习，场域塑造着惯习，惯习是某一场域固有的必然属性体现在个体身心上的产物；特定的惯习形成特定的场域，惯习将场域构建成一个富有意义和价值的世界。

在布尔迪厄看来，个体的语言、行为方式、价值观和思维模式等方面的惯习是其与所处的社会环境相互作用的结果，个体在社会中的地位、阶层、文化资本和经济资源等因素都会影响其惯习的形成过程。惯习由个体通过反复实践和经验积累形成，影响着个体的日常决策与行为，使其不自觉地按照既定的模式行动，多数情况下是无意识的。

了解"场域–惯习"理论，对于理解个体行为和社会结构的互动关系有重要意义。结合上述两个案例以及在生活中的经历，我们不难发现，自身的很多习惯是在社会中学到的，甚至有很大一部分是无意识地从家庭、学校、朋友圈和媒体中习得的，而这些习惯会对我们的决策、选择和行为产生影响,我们却很少思考甚至完全不知道自己为什么会"这样做"。

24 谁决定了你的命运? 自我实现预言

回想一下,你在生活中有没有做过某种预判,结果预想中的一切真的发生了,让你忍不住怀疑自己是不是有未卜先知的能力?比如,你接手了一个重要的工作项目,心想着这次一定可以把它做得很出彩。为此,你心无旁骛、全力付出,最后果然得到了客户与领导的认可与好评,还收获了一笔可观的项目奖金。

梦想成真固然好,但糟糕的是,有时也会遇到"墨菲定律",怕什么来什么。比如,考试临近之际,你很害怕生病,小心翼翼地照顾着自己,但是考试的前一天还是发烧了。身体的疲惫和心理的焦灼,最终导致你没能发挥出正常水平,把考试搞砸了。

明明只是假想的预言,为什么被说出来、被相信之后,就变成了真的呢?

知识点

美国社会学家罗伯特·金·默顿认为,人们先入为主的判断,无论其正确与否,都会或多或少地影响到人们的行为,以至于这个判断最后真的实现了,这就是自我实现预言。

1948年，罗伯特·金·默顿发表了《自我实现的预言》一文，对"自我实现预言"的现象进行了如下定义："一开始是对情境的一种错误定义，继而引发了一连串的行为，使最初的错误定义变为现实，导致这种似是而非的正确性，使错误的行为永久化。因为，当我们陷入这种情境时，我们会不由得引用事件的实际过程，来证明其从一开始就是正确的。"

默顿对自我实现预言的定义受到了托马斯定理的启发，该定理指出："如果人们将情境定义为真实的，那么其结果就是真实的。"实际上，人们不仅会对自身所处的情境做出反应，对自身感知情境的方式以及赋予自我感知的意义也会做出反应。简单来说，一旦人们说服自己某个情境是有意义的，无论它是否真的有意义，都会影响他们的行动。

知识点

从某种意义上说，命运也是自我实现预言的过程。

当一个人认定自己是有价值的、值得被爱的、可以变得更好的，他就会用成长的眼光看待自己，不断地学习新知识和技能，结交善待自己、帮助自己的人，不断地精进自我。

当一个人认定自己这辈子都不会被欣赏、被爱、被认可时，就会在不知不觉中延续让自己变得更差的习惯，如暴食、熬夜、懒散，最后把自己的人生弄得一团糟。

正如亨利·福特所说："无论你认为自己行或不行，你都是对的。"

看到这里,你应该已经意识到,自我实现预言会导致"信念—行为—信念"的无限循环,无论这种循环带来的结果是好是坏。要特别说明的是,当我们预先对自己产生了某种信念——"我不值得被爱",这种信念会影响我们对他人的行为——"默许他人的忽视与伤害";这些行为反过来又会影响他人对我们的信念——"那个人好像并不在意",促使他人用与这些信念一致的方式来对待我们——"不需要考虑那个人的感受",从而强化我们对自己的信念——"我不值得被爱"。

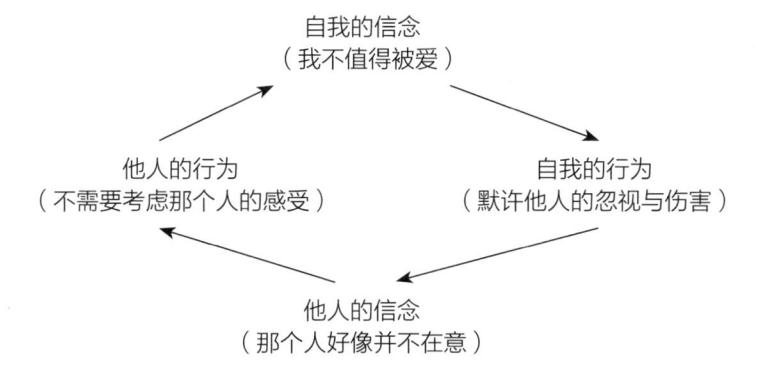

```
          自我的信念
        (我不值得被爱)
         ↗         ↘
他人的行为          自我的行为
(不需要考虑那个人的感受) (默许他人的忽视与伤害)
         ↖         ↙
          他人的信念
        (那个人好像并不在意)
```

那么,自我实现预言是不是一个难以破解"魔咒"呢?当然不是。

📖 知识点

自我实现预言的产生,是由于人们内在的信念对于认知和行动具有指导作用,认知和行动又对事态发展产生了实际影响,最终才促成了预言的实现。默顿认为,想要打破自我实现预言的

循环，可以重新定义错误假设最初所依据的命题。

美国有一句谚语："天使能飞翔，是因为天使美好的态度已成为一种飞天的力量。"

当一个人被消极的心态支配时，对事物的解释永远是消极的，并总能给自己找到沮丧、抱怨的理由，最终得到消极的结果。紧接着，这种消极的结果又会逆向强化消极情绪，使人沉浸在自我怀疑、自我设限的状态中，丧失信心和希望。为了避免这种负性循环，在消极暗示冒出来时，要进行理性分析和思考，将预言变成影响具体情境的新因素，由此改变事态的发展过程。

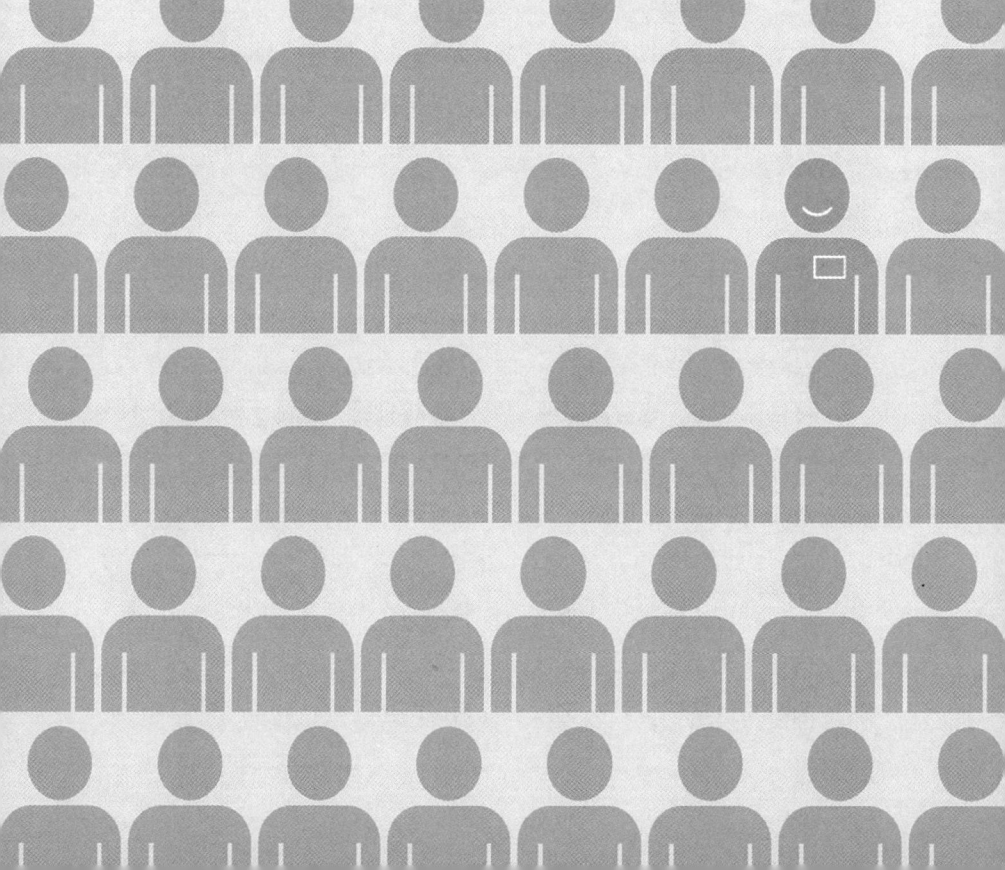

CHAPTER 03
无处不在的社会互动

25　宠物是不是"家人"？　　符号互动论

西方的神话中有一个关于巴比伦塔的故事：

　　远古时期，人类打算联合建造一座通天塔。上帝为了阻止这座塔建成，就打乱了人类的语言，让他们语言不通。之后，人类不再通力协作建造通天塔，而是散落在世界各地。

这个神话故事暗喻着语言交流的力量。从现代科学的角度来看，语言交流仍然是一个重要课题，很多社会科学在进行这方面的研究，社会学中的符号互动论就是从语言的角度入手来研究人类社会的。

知识点

符号互动论，也称象征互动论，是20世纪初发源于美国的一种社会学理论，指人与人之间通过象征符号（尤其是语言）来交流或交换意义的活动。

　　乔治·赫伯特·米德是符号互动论的创始人，他指出社会的内容是由个体与集体互动构成的，这种互动体现为各种各样的符号。所以，社会可以被视为一个由人创造和使用的符号的总和。之后，米德的学生布鲁默继承和发展了他的符号互动学说，在1937年正式提出"符号互动论"的概念，并在1969年出版的《符号互动论：观点与方法》一书中将其上升为一种社会学理论。

> **知识点**
>
> 布鲁默把社会想象成一个动态的过程，认为人们通过赋予各种对象以意义并基于该意义采取行动，使社会得以存在。他认为，社会是人与人之间交互的产物，人们通过"符号沟通"进行社会互动和角色扮演。

"意义""社会互动"和"解释"，是符号互动论中最主要的三个概念。人们赋予各种事物意义，并且基于该意义采取行动。事物的意义并不是预先就确定的，而是在人们的社会互动中产生的，且这种意义会不断地被重新解释和修正。

人们通过解释"家人""幸福""责任""情怀""宠物"等意义（概念），使社会得以成立。但是，这些词汇的意义不是预先确定的，会因为每个人的不同解释而发生改变，比如：有人认为"宠物是家人"，有人认为"宠物是动物"，赋予"宠物"不同的意义，就意味着他们会采取不同的行为。正是类似这样的一系列行为不断地塑造着社会。

26 社会互动是一场表演　　拟剧理论

美国社会学家欧文·戈夫曼是布鲁默的学生,他继承了符号互动论的思想,从更微观、新颖的角度对人际互动展开研究,并提出了著名的"拟剧理论"。

知识点

戈夫曼认为,人与人在社会生活中的互动在某种程度上可以视为一种表演。社会生活是一个大型舞台,每一个社会成员都以不同的角色,在不同的场次进行表演。如果可以按照剧本表演,人们就会按部就班地演;如果剧本不完整、不明确,就要随机应变,以便在观众面前展示一个被接受的形象。拟剧理论,研究的就是人们运用哪些技巧来把握自己给他人留下的印象。

拟剧理论的理论框架,也是借助舞台表演的一系列概念来呈现的。

○ 剧本期望:社会规范对各种社会角色的期望与要求

每个人都是社会舞台上的演员,但不是想怎么演就怎么演,每一场表演的背后都隐藏着"剧本"——社会体系,人们的行动不能脱离"剧本",同时也会受到其他演员和观众的影响。

○ 剧情：在各种社会情境中，为了给他人留下某种印象而行动

人们表演通常是为了表达某种意义，比如，想让别人关注自己，才选择故意提高说话的声音或语调。

○ 剧组：表演某种剧情时进行合作的一些人

处理好剧组成员的关系很重要，因为每个成员的表演都依赖于同伴的合适行为；如果正在上演同一幕剧，彼此都知道演出技巧中的"秘密"，那么大家就要一起捍卫共同的利益。

○ 表演区域：前台与后台

前台，是想让观众看到的限定情景，以一般或固定的方式有规则地表演；后台是为前台表演做准备的，是掩饰前台不能表现的东西的场合。人们不能把前台行为应用于后台，也不能把后台行为应用于前台，要在不同的场合表演应有的行为，且标准是社会的规范。

○ 假面具：每个人都在表演伪装起来的自己

人们在社会互动中都是在表演自己，但表演的并不是真实的自己，而是戴上面具的自己。假面具，就是与社会公认的价值、规范、标准相一致的前台行为。戈夫曼强调，这种假面具是一种角色面具，与欺骗工具有本质的区别。

27 日常生活中的自我呈现　　印象管理

在社会的舞台上，如果一个人想饰演好自己的角色，给观众留

下好的印象，就要对自己在表演时的各种行为进行管理，根据不同的表演框架，灵活地进行变通，以确保呈现出的自我形象与当前的社会情境或人际背景相吻合。

知识点

印象管理，是指人们如何在他人心目中塑造一个自己所希望的形象的策略。换句话说，就是个体借助一定的方法对自我形象进行管理，从而使他人对自己的印象符合自我的期待。

印象管理的策略主要有四种：理想化表演、神秘化表演、误解表演和补救表演。

○ 理想化表演

人们在前台总是极力地展现理想化的形象，这就意味着要在一定程度上隐藏某些事物。所以，理想化表演的核心策略就是掩饰，将那些与社会公认的价值、规范、标准不一致的行动藏起来，呈现出一个理想化的形象。

○ 神秘化表演

人们存在一种普遍的心理，即对一个人越熟悉，就越容易轻视他。神秘化表演，就是刻意与互动方保持一定的距离，从而使对方产生一种崇敬心理。

○ 误解表演

指让别人产生错觉从而留下假印象的表演，就是误解表演。人们进行误解表演的目的通常有两个：一是获得利益（如社会尊重、社会地位、金钱）；二是满足虚荣心（如掩饰自身的缺陷或不足）。误解表演有时是恶意的，有时是善意的。

○ 补救表演

有时，表演过程中会发生一些意外行动，如无意的动作、失礼、不合时宜的后台闯入等，为了恢复协调，就需要进行补救表演。

从戈夫曼的理论中可以看出，他承认社会规范对人有限制作用，但是他把人际互动中的虚假性片面夸大了，这使他的理论受到了尖锐的批评。

28 社会群体之间的远近亲疏　　社会距离

人们都比较偏爱自己所处的社会群体，不同群体中的成员可能会经常联系，但不会在心理上产生"亲近"的感觉；即使是面对面交流，也会保持相对较远的空间距离。这种现象涉及一个重要的社会学问题，那就是"社会距离"。

知识点

社会距离，是指个体或群体间相互了解、认同的程度，描述社会群体或个人在政治地位、空间位置、文化背景、心理状态等方面的差异。它不仅指空间上的距离，也包括心理层面上的距离。通常来说，社会距离越大，相互之间的影响越小。

法国社会学家加布里埃尔·塔尔德率先在《模仿律》一书中提出"社会距离"的概念，他认为社会距离是阶级之间关系亲密程度的反映，阶级差别就是阶级距离。

齐美尔认为，社会距离就是人与人之间"内在的屏障"，更接近个体与个体之间的"心理距离"。帕克继承并发扬了齐美尔有关社会距离的思想，他认为社会距离是两个或两个以上个体或其他范畴之间能感觉到的亲近感的缺乏，分为心理距离和空间距离。

知识点

帕克认为，社会距离是理解族群关系的重要概念，种族意识和阶级意识体现的就是一种固定的和习俗化的社会距离。

为什么会产生社会距离？或者说，社会距离是哪些原因所致呢？社会距离的产生，主要和以下几方面因素有关：

○ 社会地位
社会地位决定社会交往，决定社会距离的大小以及关系的亲疏。

○ 文化差异
群体之间的文化差异会对社会交往造成一定的阻碍。

○ 空间隔离

空间上的隔离，使得人与人之间的接触、竞争、参与处于缺失状态，产生社会距离。

○ 生物差异

种族之间身体或精神上的生物学差异，会影响社会交往。

29 人与人相处最适宜的距离 社交距离

西方生物学家曾经做过一个研究刺猬生活习性的实验：

在寒冷的冬天，把十几只刺猬放到寒风凛冽的户外空地上。由于天气很冷，空地上又没有遮风避寒的东西，这些刺猬被冻得瑟瑟发抖。生存的本能让它们不由得互相靠在一起，但又因为对方身上的长刺而被迫分开。就这样，经过一次次靠近和分开后，刺猬们终于找到了一个既可以相互取暖又不会刺伤彼此的合适距离。这种情形后来被称为"刺猬效应"，也叫"距离法则"。

人类作为社会性动物，从出生开始就一直处在复杂的社会关系网中。无论是哪种社会交际，都要与他人保持一定的空间距离。这种空间距离，不仅界定了交往的形式，也界定了交往的深度。社会距离提醒我们，人与人之间的空间距离近，不代表心理距离也近；彼此之间不经常联系，也不代表心理上的疏远。所以，在与周围人相处时，我们要学会控制身体距离和心理距离的关系，营造一个和谐、融洽的相处氛围。

知识点

美国人类学家爱德华·霍尔博士根据人与人之间的亲密程度，将社交距离划分为四种，分别是公众距离、社交距离、个人距离和亲密距离。

○ 公众距离（3.7～7.6米）

这个距离有多远呢？想象一下台上的演讲者和台下的听众之间的距离，这就是一个评判的标准。保持这样的距离，可以让仰慕者更加喜欢偶像，既不会遥不可及，也能够保持神秘感。

○ 社交距离（1.2～3.7米）

这是一种礼节上的人际距离，最常见于职场。这样的距离给人一种安全感，处于这种距离中的两个人，既不会担心受到伤害，也不会觉得太过生疏，可以友好地交谈。

○ 个人距离（0.45～1.2米）

这是人际之间稍有分寸感的距离，较少直接的身体接触，但可以友好地交谈，让彼此感受到亲密的气息。通常，只有熟人和朋友才能够进入这个距离。人际交往中，个人距离常见于非正式社交情境，在正式社交场合则社交距离更常见。

○ 亲密距离（0.45米之内）

这是人际最亲密的距离，只存在于最亲密的人之间，彼此能够感受到对方的体温和气息。就交往情境而言，亲密距离属于私下情境，就算是关系亲密的人，也很少在大庭广众之下保持如此近的距离，否则会让人感觉不舒服。

了解这几种社交距离，并有选择地运用，才能让社交保持在最佳的状态，既不会因过于疏远而产生陌生感，也不会因为过于亲密而感到尴尬。

30 如何让交往顺利进行？ 交往理性

德国哲学家、社会学家尤尔根·哈贝马斯患有先天性唇腭裂，小时候接受了多次手术，在成长过程中遭受了不少歧视，曾经一度恐惧与人交往。少年时代的经历，让他在成年后十分看重人与人之间的交往，而他创造的"交往理性"学说也引起了社会的广泛关注。

马克斯·韦伯曾把人类的理性分为"工具理性"与"价值理性"。

工具理性，是指人们在做事之前都会进行理性思考，根据收益最大化来做选择。比如，在同时接到两家公司的录用通知时，我们会进行综合考量，选择对自己更有利的公司就职。

价值理性，是指人们更注重行为本身所代表的价值，而不是所选择行为的结果。比如，当财富积累到一定程度，在面对物质财富与个人价值的冲突时，价值理性会占据上风，个体不会单纯地因为物质收益去做一件事，而是会考虑个人的感受。

如果没有价值理性，只有工具理性，每个人都会变成物质的奴隶；如果只有价值理性，没有工具理性，人们之间的合作、理解、信任和依存都会变得格外困难。毕竟，价值理性融合了强烈的个人主观意识，面对同样的问题，每个人的关注焦点都不一样，若人人坚持自我，合作将无法进行。

针对这样的状况，哈贝马斯给出了一剂"解药"——交往理性。

知识点

哈贝马斯的交往理性，建立在语言的基础之上，其目的是增进人与人之间的理解，各自放弃主体性的地位来进行有效沟通，从而达成共识。

在哈贝马斯看来，相互理解是人际交往的核心，也是传递关爱的前提。要做到相互理解，人们需要在言语上遵守一种约定俗成的规范，这种抽象的规范就是交往理性。

如何让交往得以顺利进行并实现有效沟通呢？哈贝马斯提出了几点重要的原则：

原则1：言语有效，用对方听得懂的话进行交流。
原则2：内容真实，沟通的内容具有真实性，交流才有意义。
原则3：态度真诚，这样的沟通姿态更容易被人接受。
原则4：方式正确，说话要讲究方式方法。

31　每一份礼物都蕴藏着"灵魂"　礼物理论

在人类社会生活中，礼物一直扮演着重要的角色。你有没有思考过这个问题：为什么我们要赠予他人礼物？为什么我们在收到礼物之后，总是惦记着回赠呢？

知识点

法国社会学家马塞尔·莫斯通过追溯全球范围内的人类文明史，提出物品的转移主要是通过礼物的强制性回报循环来实现的。从某种程度上来说，礼物的循环交换系统就是社会。

在莫斯看来，没有任何礼物是无偿送出的，哪怕是丈夫经常送给妻子的小礼物也不是无偿的，而是对妻子提供服务的一种补偿。他认为，礼物交换系统维护了社会的稳定与社会等级。

莫斯认为，交换与契约总是以礼物的形式达成，表面上这是自愿的，但实质上，送礼和回礼都是义务性的。他在《礼物——古代社会中交换的形式与理由》一书中提出了"礼物之灵"的概念，即一个人所馈赠的礼物是一种自我的呈现，而接受礼物也就是接受了赠予者的一部分灵魂。所以，礼物交换涉及的不只是经济方面的互惠，还有更深层次的社会关系的互动。

32 得了别人的好处要记得回报 互惠法则

在第一次世界大战中，德国的一些特种兵需要深入敌后，抓俘虏回来审讯。

有一个德国特种兵，多次溜进敌人战壕并成功抓到俘虏。这次，他又出发了，熟练地穿过两军之间的无人区，突然出现在敌军的战壕中。一个落单的士兵正在吃东西，没有丝毫防备，一下子就被缴了枪，手里还举着刚刚正在吃的面包。这时，他本能地把面包递给突然闯入的敌人。

这也许是他一生中做得最正确的一件事了。眼前的德国兵忽然被感动了，而后他做了一件事——放了敌军士兵，自己回去了。他知道，这样回去后上司定会大发雷霆，却义无反顾。

为什么德国特种兵会被一块面包打动呢？

这就是人的互惠心理，虽然他从对手那里得到的只是一块面包，甚至他根本没有接过那块面包，可他感受到了对方的善意，即使这种善意中带着一份恳求。那一刻，他觉得自己无论如何都不能把一个对自己好的人当作俘虏抓回去，甚至要他的命。

一位心理学家曾经做过一个实验：

在一群素不相识的人中随机抽样，给挑选出来的人寄去圣诞卡片。他预料会有一些回音，但是没有想到，大部分收到卡片的人都给他回了一张，实际上他们并不认识他。

那些回赠他卡片的人，没有想过去打听一下这位陌生的教授是谁，他们在收到卡片后，很自然地就回寄了。也许，他们以为是自己忘了这个教授是谁，或者忘记了教授给自己寄卡片的原因。但无论怎样，自己不能欠对方的情，给人家回寄一张总不会错。

知识点

得到对方的恩惠就一定要报答，这种心理就是"互惠法则"，也是人类社会中根深蒂固的一个行为准则。及时回报，能够表明自己是一个知恩图报的人，有利于日后的继续交往。

朋友之间维护情谊需要互惠，不能总拖欠对方的人情，只不过有些恩惠不一定要马上回报，可以等待合适的时机。在爱情方面，互惠法则也很重要，世界上没有绝对无私奉献的爱，双方需要保持利益的平衡，如果平衡被严重打破，可能会导致关系破裂。

33 初次见面的印象有多重要？ 首因效应

心理学家进行过一个实验，他们对两组受试者出示同一张照片，告诉A组受试者："这是一个屡教不改的罪犯。"然后，告诉B组受试者："这是一位著名的科学家。"之后，要求受试者根据照片上的人的外貌特征分析他的性格特征。

A组受试者描述说:"眼睛深陷,隐含着几分凶狠的杀气;额头高耸,带着几分不知悔改的决心。"B组受试者描述说:"目光深沉,透着深邃的思想;额头饱满,诠释出钻研的意志。"

明明是同一张照片,为什么两组受试者对照片中人的评价大相径庭?答案就是——首因效应!

知识点

首因效应由美国心理学家钦斯首先提出,是指人们在第一次交往中给对方留下的印象,在对方的头脑中占据主导地位,第一印象比以后接触中得到的信息更容易被记住,持续的时间更久。

如果第一印象形成了肯定的心理定势,在后续的接触中,人们会更倾向于挖掘对方身上美好的品质;反之,则多倾向于揭露对方身上不好的品质。首因效应提示我们,在与他人交往时,尤其是初次见面,一定要给对方留个好印象。

通常来说,第一印象主要是依据一个人的言行举止、衣着打扮、面部表情等"外部特征"形成的。在交友、求职、谈判等社会活动中,我们不妨充分利用首因效应,把自己最好的一面展示出来,为日后的深入交往打下良好基础。

洛钦斯还提出过一个近因效应,即在多种刺激依次出现的时候，印象的形成主要取决于后来出现的刺激。比如，对于多年未见的老友，我们脑海中印象最深的往往是临别时的情景。在与陌生人交往时，首因效应发挥的作用比较大；而与熟人交往时，近因效应发挥的作用更大。

无论是首因效应还是近因效应，都会造成一定的"盲区"，我们不能犯"一叶蔽目，不见泰山"的错误，避免以片面的印象取舍、下结论。正所谓，"路遥知马力，日久见人心"，判断一个人需要长期考察，这样才比较客观真实。

34 高铁上的乘客是社会群体吗？ 社会群体

说起群体，大家都很熟悉。在日常生活中，凡是按照某一特征而划分出的人的集合，都可以称为群体。有些群体是现实存在的，比如家庭、班级等；有些群体是假定的，如旅客、观众等。两者的区别在于，现实群体中的人在不同程度上是相互作用、相互影响的；假定群体中的人，彼此之间可能没有任何接触与互动。

简单来说，群体是一定数量的人的集合体，那么是不是所有的"人的集合体"都是社会学意义上的群体呢？答案并非如此。社会群体是这样一种集合体，即成员通过一定的社会关系结合起来进行活动的共同体。

> **知识点**

广义的社会群体，是指一切通过持续的社会互动或社会关系结合起来进行共同活动，并且有着共同利益的人类集合体，如政党、社会组织、社团等。狭义的社会群体，是指由持续的社会交往联系起来的具有共同利益的人群，如家庭、邻里、朋友等。

社会群体的本质在于其内部有一定的结构，即由规范、地位、角色所构成的社会关系体系。因此，不是所有人类集合体都属于社会学意义上的群体。

最典型的例子莫过于，高铁上的乘客、剧院里的观众、公园里的游客、商场里的顾客等，虽然他们是在同一时间出现在同一地点的一群人，但彼此之间不接触、不进行互动，因而不能算作社会群体，只能算是"偶发性社会聚集体"。

如果不是偶发性社会聚集体，而是具有某种共同特征的人聚集起来，如教师、医生、民工、老年人、青年人、小学生……他们算不算是社会群体呢？

> **知识点**

同一类型的人，如果彼此之间不发生社会互动、不进行密切的社会交往，也不能称为社会群体。除非同龄人之间、同职业的人之间发生了稳定的、密切的交往互动，产生了有别于其他类型人的社会共同体，这种差异具有统计学意义的群体才能称为社会学意义上的群体。

为了清楚地把握社会群体的内涵，我们需要了解社会群体的基本特征：

（1）群体成员之间存有相对稳定的关系。

（2）群体成员之间有持续性的社会互动。

（3）群体成员有共同的期待与共同的行动能力。

（4）群体成员有一致的群体意识。

（5）群体成员有共同的行为规范。

（6）群体成员有一定的分工协作。

35 人类为什么要结成群体？ 群体功能

人是群集动物，这一点毋庸置疑。提及人类结群的原因，几乎每个人都可以说出一两条，例如：在远古时代，人们不仅要防范野兽的侵袭，还要防备其他侵犯者，个人的力量比较微弱，结成群体更有利于生存和繁衍；在群体中生活，可以满足个体的生理需要和精神需要等。

这样的解析没有问题，但要从社会学的角度分析，我们还可以了解更多的内容。

> **知识点**

物质资料的生产是社会存在的前提，如果连基本的吃穿住行都不能保证，人类是无法生存的，人类社会更不可能存在。在物质资料生产过程中，人们要以一定的方式结合起来共同活动和互相交换其活动；物质资料生产的社会过程，就是在生产活动中人与人之间发生社会关系的过程。

从这个角度来说，物质资料的生产与人类自身生产的需求，促成了群体关系的发生。

人类群体的形成不是随意的，而是要满足相应的条件，具体包括以下几点：

（1）群体必须能够适应自然环境和社会环境。

（2）群体成员的利益必须受到保护，成员可以为实现自己的目的从事活动。

（3）群体要赋予成员一定的地位和作用，以此谋求成员之间的统一。

（4）群体要满足成员的各种需要，提高成员的主观能动性。

群体是将个人和社会连接起来的纽带，也是社会的基层，有助于团结个人的力量，传承文化、维持社会秩序，推动社会的发展。同时，群体也是满足个人需求的载体，为个人提供信息来源和安全感、归属感，获得社会性支持。

当然，群体的功能不都是正向的，也可能是反向的，这与群体的性质和目的有关。以恐怖组织、犯罪集团来说，这些群体对于社会秩序就具有反向功能。

36 "本地人"与"外地人"　　群体分类

网络上盛传过一段视频,内容是一位地铁工作人员与一位乘客发生了语言冲突,地铁工作人员用带有地域歧视的话羞辱乘客是"外地人",视频一经流出,在网络上引起一片哗然。

其实,关于"本地人"与"外地人"的争论一直都存在,无论是在大城市里打拼生活,还是到其他城市游玩,多数人不可避免地会谈论到这一点。对于这个问题,不少学者从地域差异、人文差异以及心理健康等角度进行过探讨。从社会学的角度来看,"本地人"和"外地人"涉及的是群体分类的问题。

现实生活中,群体的存在形式多种多样,不同的社会群体具有不同的结构和功能,对其成员的作用和影响也不一样。社会学家根据不同的标准,将群体划分为不同的类型:

○ 群体规模 →大群体 vs 小群体
○ 群体成员关系的亲密程度 → 初级群体(家庭、邻里、朋友) vs 次级群体(社会组织)
○ 群体的规范形式 → 正式群体(机关、学校、企业) vs 非正式群体(游伴群、兴趣群)
○ 群体的心理归属 → 内群体 vs 外群体

上文提到的"本地人"与"外地人",就是根据群体的心理归属对群体进行的一种划分。"内群体"与"外群体",由美国社会学家威廉·格雷厄姆·萨姆纳率先在《民俗论》一书中提出,他试图运用这两个概念描述一个人的群体归属、群体意识,以及群体对个人的影响。

> **知识点**
>
> 内群体,是指一个人所属的且对其有认同感和归属感的群体,也被称为"我们群体",成员之间有亲密感和认同感。外群体,是指内群体以外的所有社会群体,是人们没有参与也没有归属感的群体,也称"他们群体"。

萨姆纳认为,人们对于外群体,通常怀有蔑视、厌恶、回避或仇视心理,没有互动、合作、同情心,对其成员怀有偏见和疑问。不过,这种划分是相对的,两者之间的界定是不断变化的,在一定条件下,内群体与外群体之间可能会发生相互转化。

37 别人这么做,我也这么做　　从众心理

老师带着一位学者进入教室,向学生介绍说:"这位是国际上有名的化学家,他最近研究出了一种新的化学药品,现在

有请他为大家展示这项新的研究成果。"

只见"化学家"拿出了一个瓶子,里面装满了透明的液体。他告诉学生自己目前正在研究一种化学药品的感知效应,现在向大家展示的是一种新型化学药品,其味道可以在空中迅速传播,只有对化学药品有敏锐感知的人,才能够感受到。

接着,他打开了瓶子,学生们屏住呼吸,用心感受,都希望自己是对化学药品有敏锐感知的人。之后,大家开始讨论自己的感受,有人说"这是一种跟其他化学药品的味道完全不同的东西",有人说"教授打开瓶子后,我立刻就嗅到了香味"……总之,没人说自己没有闻到任何味道。

等大家讨论得差不多了,这位"化学家"揭开了谜底:他根本不是什么化学家,只是本校的一位科研人员;瓶子里装的不是什么新型化学药品,而是最常见的自来水;课堂上发生的这一切,都只是他事先设计好的实验。

想象一下:当你置身于同样的情境中时,会不会也跟其他人一样,相信那是带有特殊气味的化学药品呢?类似的情况在我们的生活中时常发生,最常见的就是在路口成群结队地闯红灯,这些情况都说明了一个问题:每个人都有从众心理!

知识点

从众心理,是指由于群体压力而引起的个体行为或信念的改变。

当个人受到外界人群行为的影响时,会在知觉、判断、认识上表现出符合公共舆论或多数人的行为方式。原因很简单,没有人希望自己在做某件事或某个决定时跟大多数人不一样,人们总觉得多数人的决策应该是正确的,也乐于做出与众人一样的决定或行为。

从众有积极的一面,它有助于我们学习别人的经验与智慧,少走弯路,修正自己的思维方式和行为。但它也存在弊端,比如束缚思维、抑制个性发展、扼杀创造力,甚至减弱了我们对生活的激情,使得我们在生活方式、文明习惯乃至人生境界方面都陷入流俗与浮躁。

在一般情况下,多数人的意见是对的,少数服从多数也不会出什么错。可是别忘了,具体问题应具体分析,在产生从众的想法时,记得多分析思考随大流是否真的可取,切忌盲从。

38 为什么劝你别做"老好人"? 改宗效应

你有没有做过这样的事情:碍于权威或是害怕得罪人,抑或是不愿让对方不高兴,就违背内心的想法去附和别人的意见?你可能觉得这样的做法挺随和的,会给自己的形象加分,但其实它未必能帮你在人际交往中加分。

知识点

人们喜欢在自己的影响下改变观点的人，通过辩论和解释，让一个人改变观点、信服自己的意见，会使人产生一种成就感，这种现象叫作改宗效应。

美国社会心理学家哈罗德·西格尔通过研究发现：当一个观点对于某人来说特别重要时，如果他能用这个观点让一个"反对者"改变原来的态度和想法，从而与他的观点保持一致，那么他可能更倾向于喜欢那个"反对者"，而不是从一而终的附和者。

生活中有很多"老好人"，看起来挺随和的，却并不受人重视，甚至被人瞧不起。原因就是，他们无法带给别人一种挑战成功后的成就感。那些敢于坚持自我、有独立想法的人，反倒很容易受到他人的尊重和喜爱。

由此可见，对于自己认为正确的事情，一定要保持坚定的态度，不能因为怕得罪人或是畏惧权威，就抹杀自己的想法，做一个随声附和的人。这不会提升你的形象，只会令人觉得你是一棵"墙头草"，没有自己的主见和立场。当然，在表达自己的意见时，也得讲究方式方法，掌握一些语言艺术。切忌过于直接、不分场合，那样会让别人感到尴尬，也会给自己招来麻烦。

39　人的天性总是更倾向于竞争　　竞争优势定律

有个笑话你可能听过：上帝向一个人许诺，说可以满足他三个愿望，但有一个条件，就是在他得到想要的东西时，他的敌人将会得到他所拥有的两倍。听罢后，这个人开始许愿，第一个愿望和第二个愿望都是得到巨额的财富，而他的第三个愿望却是"将我打个半死"。

虽是笑话，可阐述的道理却很现实，人的竞争意识非常强烈。

知识点

社会心理学家认为，人与生俱来就有竞争的天性，每个人都希望自己比别人强，难以容忍对手比自己强。无论是面对利益冲突时，还是在双方有共同利益时，人们都会优先选择竞争，而不是合作，这种现象就是"竞争优势定律"。

生活中，我们经常会看到这样的情景：上公交时，明知道排队有序地上车会更快，可当车辆进站，多数人仍会不由自主地蜂拥而上，结果很多人卡在车门口，挤了半天谁也上不去，导致整个效率都降低了。这就是"竞争优势定律"的影响，这表明了人的天性更加倾向于竞争而非合作。

那么，在什么情况下人们会选择合作呢？

> **知识点**
>
> 在社会环境中,人们往往会根据力量对比来决定选择竞争还是合作。如果对方的力量过于强大,人们多半会选择与之共同完成任务;如果自己更有力量,多半就会采取竞争行为。简而言之,竞争优先,合作是不得已而为之的选择。

40 为什么三个和尚没水喝? 社会懈怠

说起"和尚挑水"的故事,多数人都不陌生:一个和尚挑水喝,两个和尚抬水喝,三个和尚没水喝。故事阐述了一个很简单的道理:不能凡事都想着依赖别人。这样的解释没有错,但你可能会心存疑问:不是说"人多力量大"吗?为什么和尚多了却没人挑水了呢?

别急,让我们从社会学的角度,剖析一下这个"简单又复杂"的问题。

心理学家黎格曼曾经做过一个实验:

他挑选了8个工人作为受试者,让他们用力拉绳子,测试他们的拉力。第一次,他让每个工人单独拉绳子;第二次,他让3个工人一起拉绳子;第三次,让8个工人一起拉。他原本以为,拉力会随着人数的增加而增加,但结果并非如此:单独拉绳时的人均拉力是63公斤；3个人拉绳时的人均拉力是53公斤；8个人拉绳时的人均拉力是31公斤，不到单独拉绳时的一半。

黎格曼把这种个体在群体中较不卖力的现象称为"社会懈怠"。

知识点

社会懈怠，是指个体作为群体中的一员进行群体活动时，会降低自己的努力和表现水平，个人所付出的努力比单独进行活动时少的现象，也称社会惰化。

在后来的研究中，社会懈怠现象得到了进一步的证实。

研究者曾让大学生以欢呼鼓掌的方式尽可能地制造噪声，每个人分别在独自、2人、4人、6人一组的情况下进行。结果，每个人所制造的噪声音量随着团队人数的增加而下降。

为什么会产生社会懈怠现象呢？

知识点

从社会学角度来看，社会懈怠的产生原因与社会评价、社会认知、社会作用力有关。

○ 社会评价

在群体活动中，测量的结果是整个群体的作业成绩，个体的作业成绩是不记名的。在这种情况下，个体的被评价意识就会减弱，为工作付出的努力也就减少了。

○ 社会认知

群体中的个体，可能会认为群体中的其他成员也不会尽力，为了求得公平，自己就开始偷懒；或认为个人努力对群体微不足道，群体成绩只有很少一部分能归于个人，个人的努力与群体绩效之间没有明确的关系，所以不愿意全力以赴。

○ 社会作用力

在群体作业的情况下，每一个成员都是群体中的一员，与其他成员共同接受外界的影响。当群体成员增多时，每一个成员接受的外来影响就会被分散、减弱，致使个体付出的努力减少。

知识点

社会懈怠会明显减弱群体的工作效率，想要消除这一现象，依靠"个人自觉"是行不通的，最好的办法是制订规则，将个体作业成绩可识别化。把个体从群体中提取出来，当自己的行为可以被单独评价时，人们才会付出更大的努力。

【知识链接】

社会懈怠与旁观者效应一样吗？

看到社会懈怠的现象，你可能会想到"旁观者效应"，其实这两者是有区别的。

社会懈怠，是指个体在群体中不太卖力的现象；旁观者效应，是指在紧急情况下，个体由于有他人在场，而没有为受害者提供帮助的情况。虽然两者都是由于情境中他人的存在而导致个体责任感降低，但前者和群体有关，后者情境中的他人不是同一群体中的成员。

现在，请你试着回想一下生活中发生的事情，哪些是社会懈怠，哪些是旁观者效应？经过对比，你就会发现它们真的是两码事！

41 和"家"有关的那些事儿　　家庭问题

在群体的分类中，家庭是最重要的初级群体，家庭问题也一直是社会学家们十分关注的课题。家庭并非一开始就是我们现在所看到的样子，在人类的发展历史中，家庭也经历了不同形态的发展过程。

> **知识点**
>
> 家庭是人类社会发展到一定阶段的产物，在形式上经历了血缘家庭、普那路亚家庭（族外婚姻）、对偶家庭、父权制家庭和一夫一妻制家庭的发展过程。

血缘家庭是人类历史上的第一种家庭组织形式，也就是以血缘婚姻为基础的群婚家庭。后来，父母与子女之间的婚姻开始被禁止，而兄弟姐妹之间由于年龄会影响生理状态，故而按照辈分来划分婚姻,但可以成婚。

听起来匪夷所思,但这的确是真的。经历了漫长的实践,人们逐渐意识到同一血缘结婚有很大的弊端,开始禁止本氏族通婚,并产生了一种族外家庭;之后又发展出对偶家庭,即一夫多妻或一妻多夫;然后发展到父权制家庭,即允许男子同时拥有多个妻子,但女子不能同时拥有多个丈夫;经历了父权家庭之后,就发展到了现在的一夫一妻制家庭。

无论是哪一种家庭形式,都不是凭空出现的,也不是一成不变的,而是随着人类社会的发展、生产方式的进步不断发展、不断变化的。家庭的存在,对于个体和社会而言都有着至关重要的意义,这也是家庭的功能所在。

知识点

概括来说,家庭具有六项基本功能,即生物功能、养育功能、社会化功能、文化传递功能、经济功能和满足感情需要的功能。

生物功能:生儿育女、延续种族、合法地满足性需求。
养育功能:抚养后代、赡养老人。
社会化功能:将家庭成员从自然人培养成社会人。
文化传递功能:上一代把当时盛行的文化传递给下一代。
经济功能:在生产和消费方面发挥效用。
满足情感需要的功能:相互关心、支持,获得情感慰藉。

42 为什么说孟母懂社会学? 纯粹接触效应

"孟母三迁"的故事出自西汉刘向的《列女传》,讲的是孟子的母亲为了给他创造良好的成长环境屡次搬家的故事。最初,孟子和母亲住在墓地附近,每天看到人家哭哭啼啼地埋葬死人,孟子觉得好玩儿,就模仿大人的丧葬仪式捶胸顿足、跪拜号啕。孟母见此情景,心中暗想:"我的孩子不能住在这里了。"于是就带着孟子搬到了集市的附近。

搬到集市附近后,孟子看见商人自吹自夸地卖东西赚钱,又把商贩叫卖、讨价还价当成游戏。孟母担心时间久了会对孩子产生不好的影响,就又带着孟子搬到了学堂附近。果然,搬了新家后,孟子开始跟着学堂里的人学习礼节,并且要求上学。孟母备感欣慰,决定在此定居。

孟母是一个重视教育且善于解决问题的人,当她发现居住环境对孩子产生了不好的影响后,立刻采取积极措施,为孩子找寻适合成长的环境。尽管那时候还没有社会学,但孟母实际上已经懂得社会学中的纯粹接触效应。

知识点

纯粹接触效应,是指人们越是频繁地接触某一事物或观点,就越喜欢它。纯粹接触效应体现的是社会影响,即个体在他人的影响下,态度和行为发生变化的过程。

20世纪50年代,美国社会心理学家针对麻省理工学院17栋已婚学生的住宅楼进行了一次调查。这是一些两层的楼房,每层有5家住户。住户住哪套房都是随机分配的,原来的住户搬走后,新住户就会搬进来。调查中,每个住户都要回答一个问题:在这个居住区中,和你经常打交道的最亲近的邻居是谁?

结果表明,居住距离越近的人交往次数越多,关系越密切。在同一楼层中,和隔壁邻居交往的概率是41%,和隔一户的邻居交往的概率是22%,和隔三户的邻居交往的概率只有10%。事实上,多隔几户,距离上并没有显著增加,但亲密程度却相差很多。

这个实验印证了一点:人们和邻近的人打交道更多一些。因为和邻近者打交道,要比和距离远的人打交道代价小,一是双方了解起来比较容易,更能预测对方的行为,交往起来有安全感;二是打交道比较方便,借用东西的话能少走几步路。

知识点

社会心理学研究发现,人在面对社会影响的时候会产生从众、服从、认同或内化的反应。

在面对社会影响时,人们会因为年龄、出身、经历、价值观、环境等因素的差别,而处于不同的反应阶段。就年龄而言,岁数越小可塑性越大，越容易被影响。纯粹接触效应提醒我们要注意对周围环境的选择，跟什么样的人在一起，就有机会从他们身上学到什么样的东西。

43 所有冲突都是破坏性的吗？　　社会冲突

有人的地方，就会有冲突。冲突是一种不和谐的状态，在许多人的印象中，冲突意味着矛盾、破坏与伤害，是一种应该加以制止的状态。然而，美国社会学家刘易斯·科塞却提出了功能主义冲突理论，认为社会冲突不总是破坏性的，它也有正向的功能。

> **知识点**
>
> 刘易斯·科塞认为，过分强调冲突对社会稳定、整合的破坏性是片面的，事实上，冲突对社会团结、一致、稳定、整合也有重要的促进作用。

群体之间会发生冲突，群体内部也会发生冲突，外部冲突与内部冲突的作用有所不同。

○ 外部冲突

当一个群体遭受外部冲突时，群体内的成员为了维护共同的利益不受到损害，会紧密联合起来，以增强凝聚力与战斗力。从这个角度来说，外部冲突可以促进各个群体内部成员之间的团结，有助于建立和维持社会或群体的身份与边界。

不过，外部冲突与内部团结并不是正相关的关系，只有群体内部的价值和利益一致时，外部威胁才会被视为对整个群体的威胁。如果外部冲突发生之前，群体内部已是一盘散沙，成员们就很难"拧成一股绳"。

○ 内部冲突

群体的内部冲突也不总是破坏性的，它可以作为一种"安全阀"，缓解和释放积压的情绪压力与敌意，重建成员之间的关系。比如，一对夫妻之间因琐事发生了口角，在争执的过程中，彼此都释放出内心积压的情绪。借助吵架的机会，如果能够让对方知晓哪些行为给自己造成了伤害，并让对方了解自己的感受，对日后的相处是有益的。

科塞强调，冲突发生的过程，也是旧规则不断被改进、新规则不断被创造的过程。另外，冲突也会激发人们对于潜伏着的规范、规则的自觉意识。

CHAPTER 04
性别是一种表演吗？

44 性别决定着如何被世界对待　　社会性别

在填写个人信息时,有关性别一栏,我们通常会很自然地写上"男"或"女"。性别根植于生物学,可以通过观察生物学标准来确定,如外部生殖器官、内部生殖器官、性染色体等。生活中绝大多数人被划分为生理上的男性或女性,也有极少数具有非典型生物特征组合的人被称为"中性人",如切除生殖器官的人、做了变性手术的人,或是出生时就带有男女生殖器官的人。

那么,什么是社会性别呢?它与生理性别之间有着怎样的联系呢?

> **知识点**
>
> 社会性别与性别有关,又与性别有着明显区别;它不是根植于生物学,而是一种观念文化,反映的是关于男女角色分工、精神气质、行为方式等方面的一整套社会观念和意识形态。

社会性别是相对于生理性别提出的一个概念,可以理解为在某种文化中,人们如何看待性别、如何感受性别,以及如何表现出符合性别规范的行为。女性主义学者发现,社会性别是一种压迫妇女的体制化、系统化的社会关系,是一种男性控制女性的权力结构。

> 知识点

美国学者盖尔·卢宾从"关系"的概念入手,率先提出了"性别/社会性别制度"的概念。

卢宾认为,社会性别是一种由社会强加的两性区分,是性别的社会关系的产物。"性别/社会性别制度"是建立在男性统治女性基础之上的父权制,是以男性为核心的体质,这种体质制约着两性关系,控制着人类的社会生活与文化生活。

卢宾在《女人交易——性的"政治经济学"初探》一文中写道:"性别/社会性别制度并不是脱离历史的、人类幻想出来的东西,它是人类历史的产物,是社会将生物的性转化为人类活动产品的一整套组织安排,这些转变的性需求在这套组织中得到满足。"

> 知识点

美国历史学家琼·瓦拉赫·斯科特曾经指出:"性别是代表权力关系的主要方式。"换句话说,性别是权力形式的源头和主要途径。社会性别理论,就是在对传统男权社会的性别生物决定论的批判和否定基础上提出的。

斯科特在论文《社会性别:一个有效的历史分析范畴》中,对社会性别的定义做了全新阐释,即"组成以性别差异为基础的社会关系的成分""区分权力关系的主要方式"和"权力形成的源头和主要途径"。简言之,社会性别是男性和女性之间权力关系的反映:男性处于统治、支配地位,女性处于被统治、被支配的地位。

社会性别理论提醒我们,生理性别是与生俱来的,但社会性别是文化建构的。

45 女性不是天生的,而是后天造就的　第二性

西蒙娜·德·波伏瓦是法国哲学家、作家,也是现代女性主义运动的开创者之一,甚至可以说她已成为全世界女性主义者的英雄。她最主要的哲学著作是《模糊性的道德》和《第二性》。

波伏瓦的理论发展了萨特的存在主义思想。萨特认为,懦夫和英雄不是天生的,而是由行为决定的,我们的行为代表了我们是怎样的人。因此,任何一个行为英勇的人都是英雄,而任何一个行为懦弱的人都是懦夫。不过,人始终可以选择下一次做出不一样的行为,所以根本不存在所谓的"本性"能决定我们必须如何行为。否认自己有彻底的自由,被萨特称为"自欺"。

知识点

按照萨特的思想框架,波伏瓦也认同个体是生而自由的,且出生时不带本质。但是,人的生理性别鉴定对女性来说则意味着定义了其人格。女性变成了"女人",这一含义是社会和文化赋予的。所以,女性并非生来就是女人,而是因为接受并扮演了社会定义为合适的角色,才变成了女人。这就是波伏瓦说的——"女人并非天生的,而是后天造就的"。

也许有人会质疑,这算不算是"自欺"呢?

波伏瓦认为,自欺的假定前提是,人意识到自己在所处境遇中拥有自由的可能,却选择了忽略。然而,该意识并不是一个给定的事实。以孩子为例,他们不可能有自欺行为,因为他们生活在父母或监护人的世界里,其存在由他人来定义。只有他们长成青少年、进入觉醒期,才会产生存在主义的"畏"。

知识点

波伏瓦认为,女人的存在,向来是由社会经济环境定义的,所以她们并不知道自己在其境遇里拥有自由的可能,所以其行为不属于自欺。

社会期望女性服从,拥有温顺、柔弱、持家的特质,就从社会化的各个方面去影响女性,如法律、教育、文化、艺术等,让她们将这些规则内化。这些规则内化之后的结果,就是女性承认了自己是女性，承认了社会的期望，也承认了男权的支配。

波伏瓦从思想层面深刻地指出，女性不是天生就是人们眼中所谓的"女性"，男女存在生物学上显而易见的差别，但这些生物学上的差别并不必然导致社会学上的差别。她强调，女性要敢于跳出被男人设定的"他者"圈子，站在人生的另一个高度思考女性问题，要有属于自己的真实想法，重塑女性的主体意识。

46 "我"在表演某一种性别　　性别操演

欧文·戈夫曼提出的拟剧理论认为社会是一个舞台，社会中的每个人都在表演，个人所具有的身份都是一种表演性的呈现。之后又有一位哲学家，单独把性别视为一种表演。

知识点

美国哲学家、酷儿理论的先驱者之一朱迪斯·巴特勒，在《性别麻烦：女性主义和身份的颠覆》一书中提出了"性别操演"理论，认为生理性别、社会性别和性欲都是文化建构的结果，性别不是一种稳定的身份，而是"一个操演得到的成果——世俗社会的观众，包括演员本身，都对它深信不疑，并以信仰的模式表演它。"

酷儿理论是1990年代初在美国形成的一种文化理论，认为性别认同和性取向不是"天然"的，而是通过社会和文化过程形成的。

知识点

作为酷儿理论的先驱者，巴特勒认为，既然性别是文化构建的，那么性别身份也不是既定的、固定不变的，而是不确定的、不稳定的，即表演性的。所谓性别操演，就是"我"在扮演或模仿某种性别，通过不断重复地扮演或模仿，"我"把自己构建为一个具有这一性别的主体。

巴特勒进一步指出，话语对性别的建构是通过询唤来实现的。当婴儿出生后，医生宣布说"这是一个男孩/女孩"，此时对性别的询唤就出现了。婴儿成了一个性别的主体，从"它"变成"他/她"。之后，这一基本的询唤被不同的权威不断重复，被主体不断表演。

47 你觉得自己是什么性别？　　性别认同

"哪朵玫瑰没有荆棘／最好的报复是美丽／最美的盛开是反击／别让谁去改变了你／你是你或是你都行／会有人全心地爱着你……"

这首叫作《玫瑰少年》的歌,你可能听过,也可能第一次听说,它的创作灵感来自一个因为外表女性化而被歧视致死的少年。

这个少年说话轻声细语,温柔体贴,喜欢跟在母亲身后学习做菜,也喜欢做家务;所有男孩喜欢玩的游戏他都不感兴趣,却热衷于和女孩们一起讨论编织、美妆的话题,和女孩们相处得很好。

因为他和多数男生不一样,故而被同学孤立。上厕所时,他经常被人脱裤子,只为"核验"他的性别。他向母亲发出过求救,母亲跟校领导反应,却没有得到有效处理。为了解决矛盾,老师只是默许他下课前5分钟去厕所。直到有一天,他在距离音乐课结束前5分钟去厕所后,再也没有回来。当同学们发现他时,他倒在血泊之中,血流不止。

世界上还有许多像"玫瑰少年"一样的孩子,他们的"特殊"曾被生物医学定义为"性别认同障碍",而在2019年5月25日,世界卫生组织将其从精神障碍的分类中移除,更名为"性别不一致",将其重新归入"性健康"的范畴。

知识点

性别认同,是指一个人如何理解和体验自己的性别。性别认同与出生时指定性别相同,称为"顺性别";性别认同或性别表现与出生时指定性别不同,称为"跨性别"。

所谓"出生时指定性别",指的就是"生理性别";而性别认同更多的是在讲"社会性别"。性别认同通常在童年时期形成,学界普遍认为,生物因素和环境因素对性别认同都有影响。

知识点

性别认同与性别表达紧密相连,但一个人的性别表达并不总是与其生理性别、性别认同或性倾向有关,只有当个体公开自己的性别认同时,才可以判定其性别表达是否与其性别认同相一致。

性别表达,就是通过外表和行为来表现性别的方式。

性别表达不符合社会预期的人(如上文中提到的"玫瑰少年"——生理性别是男性,行为表达像女性),在生活中常常会遭到身体、心理方面的欺凌。其实,性别表达具有多元性和流动性,多数人的性别表达与社会对性别的期待是一致的,但也有人并非如此。

"玫瑰少年"的悲剧令人心痛,它也提醒我们不要囿于狭隘的性别期待,要学会尊重他人的性别表达。穿着与性别角色不一致的衣服,表现出与性别角色不一样的行为,可能只是个体的性别表达,并不影响其性别认同。即使是遇到性别不一致的个体,也当以开放包容的心态来接纳他们,尊重他们的自主权,而不要用偏见去评判对方。

48 为什么总是王子救赎公主？ 性别刻板印象

翻看众多的童话故事，你可能会发现一个共通之处：当公主被坏人施了魔法，或是被陷害、囚禁时，只有王子才能将其救赎。反过来，当王子遇到困难时，却鲜少写到需要公主来搭救。这种"无独有偶"的安排似乎在暗示着一点：男性是英勇的、善战的，女性是柔弱的，需要被保护、照顾的。所以，只能"英雄救美女"，不能"美女救英雄"。

从社会学的视角来看，"英雄救美"的情节与性别刻板印象有很大的关系。

知识点

性别刻板印象，是指社会对男性或女性产生的一种固化的看法，刻板印象，即没有进行实质性的交往，就对某一类人产生了笼统的、不容易改变的简单评价。

在印刷行业中，通常会使用"固定模板"进行印版。1922年，美国新闻评论家沃尔特·李普曼在其出版的《公众舆论》中提出了"刻板印象"一词的现代用法，即社会对某些社会群体持有的信念和描述，比如"男生擅长理科，女生擅长文科""女性比男性更擅长照顾家庭""大男人怎么能当全职爸爸""女司机开车不靠谱"等。

刻板印象来自对性别角色的社会共识，即社会文化期待的男性或女性的一般行为模式，让人们误认为某种性别就应该是某种样子。然而，大脑生物基础和认知结构的证据显示，男性与女性的数理能力是一样的；实验研究也证明，男生和女生的数学表现没有任何差异。

无论哪一方面的性别刻板印象，对于丰富多彩的人性来说都是束缚与压迫。

性别刻板印象对女性的压迫，在职场上表现得比较明显。人们普遍认为，女性的领导力、决策力都不如男性，调查研究显示，相当大比例的中国女性自认为不适合做领导。同时，女性在职场上很容易遇到天花板，看起来明明有晋升的空间，却总是升不上去。

性别刻板印象对男性的压迫，在事业成就上表现得更为突出。人们总是强调，男人要敢于拼搏、追求事业上的成功；要是回家当起了全职爸爸，必会饱受周围人的冷眼和讥讽。如果一个男性天性不符合性别刻板印象，他将会承受巨大的舆论压迫和内心折磨。

性别刻板印象提醒我们，不要对男性或女性存在固有的、僵化的看法，每一个人的人性都应当得到充分的尊重。女性可以是坚强的、顽皮的、爱冒险的，也可以追求属于自己的事业；男性也可以表现出软弱和恐惧，也可以用哭泣抒发情感……性别可以不同，但都有释放自我的权利。

49　女性是一种处境，不只是性别　　女性主义

> **知识点**
>
> 女性主义（feminism），也称女权主义，指为了结束性别主义、性剥削、性歧视与性压迫，促进性阶层平等而发起的提高女性社会地位的运动。简而言之，就是为了在全人类中实现男女平等。

19世纪后半叶至20世纪初，西方国家女性发起了第一次女性主义浪潮，希望获得与男性平等的受教育权、选举权和就业权。20世纪60年代，女性主义运动迎来第二次高潮，这次运动涉及女性权益的各个方面，旨在缩小两性之间的差别，帮助女性冲破固有的观念束缚。

第二次女性主义浪潮的规模和声望远超第一次，促使不同的女性主义流派形成。这些流派的核心观念与基本诉求存在差别，女性主义内部的分歧与分化就此拉开了帷幕。

○ 自由女性主义——追求男女机会平等

自由女性主义认为，女性受压迫的根源在于缺少与男性公平竞争的机会。如果可以改善教育和经济制度，让女性接受良好的教育，获得与男性同工同酬的权利，那么女性也可以在社

会公共领域发挥出巨大的价值。

对于那些专门给予女性特殊照顾的策略，自由女性主义持反对意见。这一流派认为，此策略只能在短期内给女性带来益处，但不利于女性群体的长期发展。她们渴望构建一个不讨论性别差异，只凭借个人能力证明自身价值的公正社会。

○ 激进女性主义——反抗男权的压迫

激进女性主义认为，女性在社会中所承担的性角色与生育职能给她们带来了诸多痛苦，父权制或男权制是女性受压迫的根源。激进女性主义号召所有的女性团结一致，反抗男权的压迫，通过避孕、人工授精、试管婴儿等科技手段，让女性从生育职能中彻底解放出来。

许多人认为，女性主义运动的第三次浪潮起源于20世纪90年代，这一次的浪潮带有更多的反思性、独特性与多元性，其中影响较为突出的是社会主义女性主义和后现代女性主义。

○ 社会主义女性主义——提升女性的经济地位

社会主义女性主义认为，女性受压迫的根源是资本主义父权制，是制度与性别的合力所致。在男权社会中，女性被剥削、压迫是通过四个领域进行的，即生产、生殖、性与儿童教化。女性总是无偿地进行家务劳动，而这些劳动从来没有进入过市场，处于货币经济之外。

中国经济学家们做过一个类似的测算，如果将家务劳动转化为固定工资支付，每年支付的费用为420亿元。这一女性主义流派认为，无偿的家务劳动是构成女性受压迫的物质基础，这一不利处境是历史和社会因素导致的，不能单纯地依靠女性个体的努力获得改善。

要解决这一问题，需要为女性提供特别的保护性立法，通过救助与扶持弱势群体来实现男女平等。同时，还要朝着家务劳动社会化的方向努力，让社会组织为家庭提供服务，减轻女性的家务负担，为女性解放提供先决条件。

○ **后现代女性主义——接纳女性的多样性与差异性**

后现代女性主义反对非黑即白的二元论思维，提倡多元的价值观。在这一流派看来，所有宏大的理论体系都是值得怀疑的，没有任何一类女性可以代表所有人，要警惕对性别、种族、阶级这些概念的宏观分析。

有的女性认为结婚生育很辛苦，有的女性认为做全职主妇很幸福；有的女性渴望开创自己的事业，有的女性却只关心自己的家庭；有的女性喜欢孩子，有的女性想要丁克……在后现代女性主义者看来，这些取向没有对错好坏，因为"女性"原本就是多样化的，没有固定的模板，要允许和接纳差异的存在。

50 不愿意承认自己是受害者　　恐弱心理

十几年前，卢小姐以全系最高分的成绩考入一所211大学的财经专业，本科毕业后又考上了本校的研究生。之后，她进入省会城市的一家事业单位工作。不过,她并没有安于现状,而是继续向上攀爬,最后考上一线城市的博士,并留在当地的一所学校任教。

当然,这一切只是别人眼中的画面。在他们看来,卢小姐是一个努力上进、敢想敢做的人,人生的每一步路她都在认真地走,也实现了自己的目标,算得上是平凡世界里的一位女性精英。可是,他们并不知道,卢小姐的生活还有另外一面。

在自己的学业和事业上,卢小姐拥有绝对的掌控权,但也有一些方面是她无法靠个人力量控制的。她生活在一个重男轻女的家庭,弟弟想在北京买房,父母掏出大半辈子的积蓄给他交了首付,心甘情愿给他带孩子、贴补家用,却从未问过她在经济上有没有困难、需不需要帮助。

有了孩子之后,她的生活被琐事和痛苦充斥。为了工作,她只能雇保姆照看孩子;丈夫回家只顾玩手机、玩游戏,鲜少帮忙的婆婆却总是站在儿子的立场替他开脱。再后来,丈夫和公司的一位女同事有了婚外恋,她心里很窝火,可一想到"由于户口问题,可能拿不到孩子的抚养权",她就默默打消了离婚的念头。

当她偶尔感到疲倦、脆弱,向父母流露出不满与愤怒的情绪时,父母没有给予她任何的共情,反倒指责她"没事找事",并称"都是你自己选择的",丝毫不提当年催婚催生的情景。当朋友得知卢小姐的处境,指出她也是"父权社会的受害者"时,卢小姐脸色很难看,自此主动和那位朋友拉开了距离。

在内心深处,卢小姐很抵触承认自己是"受害者",反而强调一切都是自己的责任。即便是丈夫出轨,在跟他对峙时,她也坚持维系体面的形象；面对婆婆的胡搅蛮缠不讲理，她也从来没有说过一句难听的话……长期以来，独立自主、优雅从容、高知精英的标签已经内化成了她的一部分，她不敢承认自己是一个受害者，只能不断把伤害合理化，去掩盖自身的痛苦与无力。

知识点

日本社会学家上野千鹤子在书信集《始于极限：女性主义往复书简》中，将"不肯承认自己正在经历伤害，不愿承认自己是受害者"的心态称为"恐弱"。

上野千鹤子指出，恐弱是精英女性群体经常陷入的一种心态。恐弱的根源是耻于承认自己会被伤害，其中隐藏着一个错误的逻辑，即认为只有弱者才会被伤害，而自己不是弱者；女人普遍软弱，而自己和其他女人不一样。

其实，每个人身上都有软肋，格外排斥和厌恶软弱的人，恰恰是因为不敢承认和接受自身的软弱。上野千鹤子提醒女性朋友："人以弱者的姿态来到这个世界，最后也会以弱者的样子离开。我们就该承认自己有弱小的一面，然后在这个基础上去相互支持、相互帮助。"

上野千鹤子是在女性主义的社会学情境下使用的这一概念，如果从心理学的角度出发，恐弱可理解为个体不愿意承认自己在某种情境下产生了受伤的感觉，或是羞于承认自己是脆弱的、对他人有情感需求。然而，当一个人否认自己的悲伤，否认自己在关系中渴望得到他人的认同，拒绝承认自己爱而不得的痛苦，除把攻击性投向自身以外，还有一种更大的可能性是鱼死网破、指向毁灭的愤怒，以及见诸行动的"复仇"。

> **知识点**
>
> 面对恐弱心理，上野千鹤子强调：要对自己诚实，一个人若是不能相信和尊重自己的经历和真实感受，又如何能相信和尊重他人的经历和感受呢？疼了就喊疼，一个人生而为人的尊严正基于此。只有正视自己的伤痛，才能真正相信、尊重和共情他人，而这就是作为人最强大的力量。

51 看与被看是一种权力关系 男性凝视

如果你是女性的话，下面的这些问题对你来说可能并不陌生——

"出门到底要不要化妆？"
"裙子比较短，乘坐电梯该怎么遮挡一下？"
"衣服的领子会不会太低了？"
"姿态是不是有点不太雅观？"

……

为什么这些问题会萦绕在女性的心头,让其感到纠结和迟疑呢?

知识点

有着艺术评论家、作家、画家等多重身份的约翰·伯格说:女性在公共空间的仪态与自我表达,其实由不得女性自己——男人行动,女人表现;男人注视女人,女人看自己被男人注视。

约翰·伯格尖锐地指出:"在以男性为主导的社会里,女性被培养以一种男性的目光随时随地审度自身,以期符合这种目光制定的标准,所以女性爱美,为悦己者容。而男性以力量、财富、地位、权力为追逐目标,成为拥有者,进而拥有女性。久而久之,女性囚禁在男性的目光之下。或是自觉,或是不自觉。"这种现象在社会学中被称为"男性凝视"。

知识点

"凝视"一词往往用于分析视觉文化中观众怎样看待被展示的人。

"男性凝视",最早出现在英国女性主义电影评论家劳拉·穆尔维发表的《视觉快感与叙事电影》中,指电影中的男性往往是权力的主导与凝视的主体,而女性是被凝视的客体,多数受

欢迎的电影在很大程度上满足了男性的窥视快感。

在早期的好莱坞电影中，男性凝视是很常见的。以影片《邮差总按两次铃》为例，当女性角色出场时，镜头通常是从下向上移动，即从脚开始拍摄，慢慢移动到腿部，再呈现全身，让观众们不自觉地凝视女演员的身体。又如，玛丽莲·梦露那个经典的电影镜头——捂裙子，这一性感的动作似乎成了梦露的"招牌动作"。

男性凝视的概念起源于电影，但对广告领域的影响更为普遍和深远。

广告中的女性不仅是被凝视的客体，更是成为被买卖的"物件"。许多广告传递出的画面和内容都暗示着一个信息：买下这件产品，你会拥有这个女人；买了这件产品，你会和广告中的女人一样，成为男性注意力的焦点。

男性凝视充斥在生活的各个方面，无论是影视剧、短视频，还是购物网站、社交媒体，女性长期浸润在这样的环境中，会下意识地习惯从男性的视角出发去审视自我，无形中丧失了女性作为个体的独特性。

> **知识点**
>
> 皮埃尔·布尔迪厄曾指出,人们对于美的识别并不是完全主观或自由的,而是被裹挟在了时代的审美意识当中。有关"好看"的认知是被社会建构出来的,在人类历史上,男性更多地占据着经济与文化资源,因而社会对美的建构背后,往往会受到"男性凝视"的影响。

社会对于女性的审美标准一向高于男性,且越发苛刻。女性的主体性一直被众人所审视,倘若在某一方面脱离传统规范,就会遭受异样的目光与评判。这种审美标准通常是男性期许的社会内化,女性不自觉地去遵守男性视角之下的社会规范,用男性视角来构建自我。比如,追求"肤白貌美""身材修长""贤惠温柔"等刻板形象,甚至不惜用医美、整容等手段来创造符合男性要求的单一形象,逐渐失去对自我的认同感,让男性成为评判自己的准绳。

正如约翰·伯格所说:"女人看自己被看的样子,不仅决定了大多数男人和女人的关系,也决定了女人和自己的关系。"了解了男性凝视之后,面对当下如火如荼的消费主义,你是否产生了全新的思考呢?在这种看与被看的凝视关系中,你是否可以摆脱对被观看、被谁观看、是否符合刻板女性角色的顾虑,成为你想成为的人呢?

52 你听说过"厌女症"吗? 　女性嫌恶

如果你关注过日本女性主义社会学家上野千鹤子，那么对于"厌女"这个词语，应该不会感到太陌生，因为《厌女：日本的女性嫌恶》正是上野千鹤子的代表作之一。通过对女性在日本社会中的地位和经历的阐述，上野千鹤子将"厌女症"直接摆在读者面前，并发出严肃的质问：你有勇气去探究所谓的"厌女"吗？你愿意直视内心或周围、显性或隐性的"厌女"症状吗？

知识点

所谓"厌女"，并不只是字面意思所呈现的"厌恶女性"那么简单。上野千鹤子开宗明义地指出，"厌女"的真正内涵是"女性蔑视"，涵盖着对女性的憎恶、贬低和物化的态度。"厌女"在男性身上主要表现为对女性的歧视与偏见，在女性身上则表现为某种无意识的自我厌弃。

2019年，上野千鹤子在东京大学的开学典礼上做了一场演讲，她指出女性的一些现实处境，如：入学时比男生费更多的周折、付出更多的努力，才可以获得同样的入学资格；即使通过努力考入了类似东京大学这样的优秀学校，在向别人介绍自己时，也要隐去学校的名字只说"某大学"，只为避免给对方带来压力……她的那次演讲在社会上引起了巨大的反响。

上野千鹤子在《厌女：日本的女性嫌恶》中，精准地总结出"厌女"的三个配套机制：

○ 同性社会性欲望

同性社会性欲望，是男性之间相互认同的欲望，也是男人之间的纽带。由于不带有"性"的色彩而具有"社会"的属性，故称"社会性欲望"。

○ 恐同

男性最害怕的事情莫过于"被女性化"，也就是性的主体地位的失落。上野千鹤子把异性恋男性群体"恐同"的原因解释为"男人对男女界限的模糊暧昧而带来的不安所抱有的恐惧"。

在这个由主体成员构成的世界里，习惯把自己当成主体去"狩猎"女性的男人，一旦出现主体成员的客体化现象，就意味着其丧失了在男性集团中的成员资格。

○ 厌女症

为了成为性的主体，将对女性的蔑视根植于自我确认的核心，这就是厌女症。

事实上，"厌女"不只出现在日本，有人将其称为"一种世界性传染疾病"，从古至今、从非洲到亚欧大陆，绝大多数人类居住的地方都可以或多或少地嗅到"厌女"的味道。结合日常的生活和工作，回想一下你有没有目睹或经历过下面这些情形？

（1）凡是不符合"女性阴柔、男性阳刚"的社会规范者，都被人视为"不正常"。

（2）女性的主要舞台是家庭，男性的舞台是广阔的世界，不符合这一架构会被另眼相待。

（3）女性在性方面要取悦男性，在孕育下一代上要做出奉献和牺牲。

（4）认为女性的地位比男性低，能力和智力不如男性。

（5）女性在家庭聚餐时不可以上桌。

（6）女性的穿着露肤太多是放荡的表现。

（7）学得好不如嫁得好，女性接受高等教育就是为了嫁给条件更好的人。

（8）总觉得自己的身材不够好，腿不够修长、腰不够细。

（9）担心怀孕的情况被公司知道会影响升职。

（10）用一些"黑话"形容女性被动接受亲密行为的程度。

（11）失恋后害怕找不到爱自己的人，觉得自己不值得被爱。

看到这里，你可能也在思考：怎样才能超越"厌女症"？

知识点

上野千鹤子并没有给出一个明确的超越指南，她指出："厌女症与社会性别一样，不是因为我们懂得了那仅仅是在历史中被构建起来的文化产物，便意味着我们能从中得到解放。关于超越了厌女症的未来世界，就像马克思关于废除了阶级的未来世界所言，我们只能说'由于我出生成长在一个厌女症根植太深的世界，我无法想象一个没有厌女症的世界'……只要本书还能被解读，就证明读者尚未从父权制和厌女症的重力圈中得到解放。"

其实，"厌女症"对于男性和女性都是一种伤害，相较于女性通过身体被物化，男性通常会轻视身体，避免谈及痛苦，将身体与精神分裂对待。所以，超越"厌女症"不是让我们彼此对立去斗争，而是要和"厌女症"本身，与"厌女症"这种文化和现象去做抗争。

53 为什么你没有保护好自己？ 强奸文化

2012年，印度"黑公交轮奸案"震惊了全世界。

一名年仅23岁的女大学生，在公交车上遭到了包括司机在内的6名男子的轮奸。残暴的他们对女孩进行了凌虐，导致女孩的腹部、内脏和生殖器都遭到了严重的创伤。被送到医院时，女孩已奄奄一息，最后不幸离开人世。强奸女孩的6名凶手中，有4名被判处死刑。

透过新闻报道和电影题材，我们不难发现，在不少性侵案、强奸案中，犯错的明明是强奸者，受到谴责却是遭受侵害的女性。印度的一部纪录片中，一名强奸犯"理直气壮"地为自己辩解："一个体面人家的女孩，不该在晚上9点钟还在外面闲逛，对于强奸来说，女人比男人的责任更大。"更荒谬的是，为强奸犯辩护的律师还做了一个看似有理，实则胡诌的比喻："女孩就像钻石宝贵，如果你把钻石摆到大街上，就别怪狗会把它叼走。"

类似这样的说辞还有很多，其核心都是悄然弱化强奸行为本身的严重性：

——"明知道不安全，为什么还要和他单独出去？"
——"为什么要穿性感、暴露的衣服？"
——"为什么要去酒吧喝酒？"
——"你不知道那里鱼龙混杂吗？"
——"为什么你要轻信坏人？"
——"你不懂得怎样保护自己吗？"

话里话外，几乎全是对女性受害者的指责。正因为此，许多性侵案件发生后，受害女性会陷入抑郁和创伤后应激障碍，她们不仅身体上遭受了伤害，内心也承受了炼狱一般的折磨与自我消耗，被困在"为什么你不懂得保护好自己"的罪恶感与羞耻感之中。

这种没有道理的质问，强调的不是强奸行为本身的可怕与罪恶，而是暗示受害者遭遇强奸的原因在于自身；提倡的不是教育男性尊重女性，而是告诫女性如何防止被性侵。倘若这种"强奸文化"不改变，女性遭受性侵且被污名化的现象就很难得到改善。

毕竟，一颗种子长出来不仅靠自身的意志，还与它所处的土壤环境有关。

📋 知识点

强奸文化，指的是一种社会环境，由于社会对"性别与性"存在一种特定的态度，导致"强奸"普遍发生，且被视为正常现象。

20世纪70年代，美国女性主义者苏珊·布朗米勒出版了《违背我们的意愿》一书，她在书中指出："强奸"不仅是一种犯罪，还是有意识的恐吓过程，让所有的女性都处于恐惧之中。

恐惧，来自话语环境。在男权话语主导的社会下，人们自动接纳了无厘头的结论——"所有女性都想被强奸""没有哪个女人是在违背自己意愿的情况下被强奸的""女性生来就被告知不'自爱'就可能被'强奸'"。

这本书出版后，人们开始对"强奸"有了新的认识和反思，"强奸文化"逐渐成为常用语，被用于指代鼓励性别暴力的文化环境。

"强奸文化"对社会的危害不可小觑，它会加重社会性别歧视，限制女性的行为选择、社会活动范围，更大的伤害在于强迫女性（也包括男性）受害者进行自我羞辱、自我污名化。因为人们在提到强奸时，往往会有意无意地落入对传统贞操情结的强调，导致许多受害人认为自己的身体被玷污、损坏，很难重回生活的正轨。

54 成为母亲意味着什么? 　　**母职惩罚**

不少女性在孕期和产后会经历一段情绪抑郁时期,其中有少部分会发展为临床抑郁症。这些"不开心"源自对新身份的不适应、缺少娴熟照顾孩子的技能,以及对于母职或多或少的抗拒。在传统的社会观念中,成为母亲、照看孩子是一种"本分与本能",成为母亲之后的那些"不开心",都是需要女性自己去克服的难题。对女性而言,这意味着什么呢?

日剧《坡道上的家》围绕一个案件展开,剧中情节传递着几个现代女性生育后面临的艰难处境:一位名叫安藤水穗的女子被控告杀死了自己的孩子。所有参与庭审的人员,无论是法官还是国民陪审员,都怀揣着同样的疑问:究竟是怎样的女人会对自己的亲生骨肉痛下杀手?

在审理这个案件的过程中,透过其他女性在现实中所经历的生活片段,我们会逐渐意识到,这场悲剧的发生并不是安藤水穗一个人导致的,它的背后隐藏着太多的现实问题:产后抑郁、新手妈妈的焦虑、丧偶式育儿、低自尊等。

事实上,这些问题并不只发生在安藤水穗一个人身上。

剧中的女主角里沙子,体验着与安藤水穗类似的境遇,而她无处诉说,因为说出"讨厌听见孩子哭闹""有时会忍不住想打她""要是没生孩子就好了"这样的话,很难得到周围人的理解和共情,招来的只有鄙夷和指责。

剧中年长的女性们（婆婆或妈妈），也曾经历过那些艰难的带娃时刻，却统统不愿意承认，而是抛出一句"大家都是这样过来的"，不知是在安慰别人，还是在敷衍自己；至于那些没有成为母亲的女性，更是难以理解母亲溺死孩子的行为，认为她不配有孩子。

成为母亲意味着什么呢？或许，每个身为母亲的女性都有自己的感慨。

意大利著名女作家莫兰黛曾经写道："没有任何人，包括母亲的裁缝会想到，母亲会有一具女性的身体。母亲常常关联着伟大、奉献以及慈爱，却不会是性感。母亲的身体，是工具化的，是抽离了女性特质的。"

女性成为母亲后，似乎拥有了"第三种性别"，要抛去欲望和想法，真实的感受被忽略、隐藏。也许，这不是成为母亲导致的，而是女性的身体原本就面临着被单一化与工具化的处境。生育带来的巨大成本，不只体现在身体和心理的变化上，还包括自我价值化、经济收入的改变。正因为如此，才有了"母职惩罚"一说。

知识点

母职惩罚，是指女性由于生育导致就业中断、离开职场、脱离社会；即使重回工作岗位，也会存在系统性的负面影响，最为明显的就是收入降低和隐性偏见。

资深媒体人、旅日作家库索说:"现代社会把'母亲'和'妻子'默认为一种义务劳动,普通女性想要摆脱这两个标签的束缚、拥有自己的生活,是一件非常困难的事情。比起社会环境下的不宽容,让女性更加崩溃的是家庭与职场的不兼容。"

相关研究结果显示,尽管工作时间与男性、非父母职工相当,职场妈妈群体的平均收入仍然比生育之前减少12.5%,部分女性群体还存在生育后再就业难的情况;从事相同工作时,职场妈妈也容易被认为比非母亲职员工作能力低、不称职。

与"母职惩罚"相对应的是"父职奖励",母亲投入到无偿的家庭劳动中,父亲便可以没有顾虑地在社会中打拼,获取更多在社会通用的资本。由于社会对于父亲育儿的低预期,会让他们更容易成为"好父亲"。

安妮·玛丽·斯劳特在《我们为什么不能拥有一切》一书中指出:男性谈论孩子时,会被视为有爱心的父亲,但是孕妇和母亲谈论孩子则被认为不太致力于自己的事业。每次她们离开办公室或要求任何灵活性时,这种承诺都会受到进一步的质疑。

要减少"母职惩罚"的现象,还有很长的路要走。毕竟,性别不平等不是个人可以解决的问题,改变女性的生育困境需要全社会合力。育儿从来不是女性一个人的事情,家庭需要和女性一起分担育儿的压力,社会也要打破性别分工的刻板印象,为女性提供展示自我的平等机会。

55 尼加拉瓜女性为何练习跆拳道? 家庭暴力

近些年,有不少父母选择送女儿去练习跆拳道。究其动机,一方面是让孩子强身健体,另一方面是让孩子提高自我保护能力,担心孩子遭遇校园霸凌。我们不去评判父母们的这一决策,只叹"可怜天下父母心"。不过,想借助练习跆拳道防身,并不只是父母寄托在孩子身上的愿望,在尼加拉瓜,不少妇女也纷纷学起跆拳道,原因是她们要对抗家庭暴力。

尼加拉瓜的家庭暴力问题很严重,有三分之一的女性经历过家暴,其中有一些女性还因家暴而丧命。当地的女性为了保护自己,纷纷学起跆拳道,其中一位女性直言:"现在我不会让任何人攻击我、对我施暴,因为我完全可以防卫。"

知识点

家庭暴力,是指发生在由婚姻、血缘、亲密关系或法律联系在一起的家庭成员之间的暴力,包括身体、性、情感等方面的暴力,同时包括威胁施以暴力的行为。

关于家庭暴力,多数人有所了解,但也存在一些常见的误解。

×误解1:家庭暴力只是极少数的现象

家庭暴力的现象是客观存在的,且全球各个国家和地区的发生率都不容小觑。世界卫生组织调查显示，全球范围内有性伴侣的妇女中，几乎有30%经历过其亲密伴侣的身体或性暴力。

×误解2：家庭暴力是不可外扬的家事

家庭暴力不是简单的"家事"，而是法律禁止的侵权行为。如果受害者对家庭暴力忍气吞声，会导致施害者持续实施暴力行为。因此，在遭受家庭暴力时，要向可信任的他人或机构求助，或将家庭暴力行为诉诸法律，请求司法援助。

×误解3：家庭暴力只是对身体的伤害

家庭暴力不只是伤害身体，也包括心理暴力、性暴力和经济控制。

×误解4：家庭暴力是丈夫对妻子施暴

无论是丈夫对妻子施暴，还是妻子对丈夫施暴，或是父母对子女施暴、子女对父母施暴，乃至兄弟姐妹施暴，都属于家庭暴力。

为什么会发生家庭暴力呢？结合相关的调查分析，导致家暴的原因主要有以下几点：

○ 原因1：社会残存的大男子主义

受漫长的封建历史影响，社会仍然残存着男尊女卑的夫权思想，以及大男子主义的落后文化，这让部分人将丈夫对妻子的暴力行为"合理化"，认为只要暴力不过度，都是被允许的。受害者也受此文化影响，屈服于家庭暴力。

○ 原因2：家庭暴力的代际传递

在充满暴力的家庭中长大的人，很容易习得暴力行为，组建了自己的家庭之后，很可能会把暴力的习惯直接传递给下一代。调查显示，经济状况不佳、低收入、失业、生存空间较拥挤的家庭，更容易发生暴力。

○ 原因3：人格缺陷或精神疾病

如果家庭成员患有精神疾病，或是在人格方面存在缺陷，如低自尊、嫉妒心强、占有欲强、多疑等，该成员实施家庭暴力的可能性就比较大。比如，有些男性性格扭曲，总是怀疑自己的妻子生活作风不检点，不许妻子与其他男性说话；还有些男性酗酒、赌博，醉酒或赌钱输了之后，就会拿妻子或孩子撒气。

○ 原因4：女性专制主义

这一点主要针对男性遭受家庭暴力的情形：当妻子的收入远高于男性，男性的家庭地位降低；夫妻在相貌、体力上存在较大差距；或是女性有了外遇，都可能在发生矛盾时对男性实施暴力。有专家指出，女性专制主义是导致男性遭受家庭暴力的主因，而女性专制主义的形成与中国长期的家长制有直接关系。

家庭暴力的危害毋庸赘述，它不仅伤害夫妻感情，影响子女的身心健康，也会打击受害者的人格尊严，甚至威胁其生命。如果不能及时有效地遏止家庭暴力，当受害者不懂得用法律保护自己、难以开口寻求帮助时，很可能会酿成恶性的悲剧事件。

CHAPTER 05
人性与社会规范的角力

56 谁来制约人们的社会行为？　　社会制度

知识点

马克思主义社会学认为，社会制度是在物质基础上形成的，规定社会关系、制约社会行动的具有普遍性和稳定性的规则。社会制度的类型有两种划分方式，一种将其分为"正式制度"和"非正式制度"，另一种将其分为"内在制度"和"外在制度"。

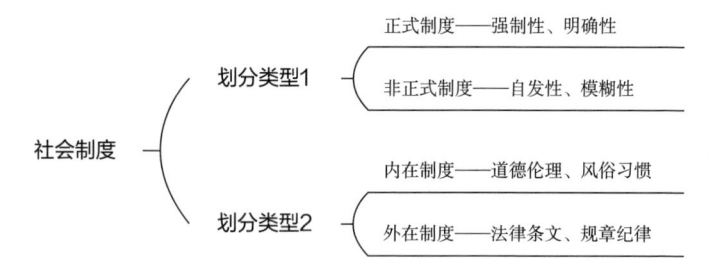

社会制度
- 划分类型1
  - 正式制度——强制性、明确性
  - 非正式制度——自发性、模糊性
- 划分类型2
  - 内在制度——道德伦理、风俗习惯
  - 外在制度——法律条文、规章纪律

○ 正式制度vs非正式制度

正式制度，是指人们通过理性思考、分析论证和组织制定形成的制度，是为了实现某种明确的目的，经过一定程序制定出来的制度，如法律法规、企业规章制度等。

非正式制度，是指人们在日常生活中逐渐积习而成的行动规则，没有明确的文字表述和条文款项的制度。

○ 内在制度vs外在制度

内在制度，是指作用机制为内在的心理机制，如道德伦理、风俗习惯等。

外在制度，是指作用机制为外在的强制机制，如法律条文、组织章程等。

知识点

社会制度的功能主要体现在三个方面：制约功能、协调功能与整合功能。

○ 制约功能

制约功能是社会制度最基本的功能。

社会行动是复杂的，每个人都会根据自己的意愿、兴趣和利益追寻目标，有不同的行动取向，但社会资源与社会条件有限，因此有必要对社会行动进行制约，对社会成员"该做什么，不该做什么""可以做什么，不可以做什么"划定清晰的界线，建立行之有效的群体组织制度。

○ 协调功能

社会秩序是个体、群体、组织等社会主体在社会交往中形成的稳定、持续、协调的存在状态。社会制度的存在，有助于协调各种社会关系，促进社会秩序的形成。一旦出现矛盾冲突，人们可以根据社会制度采取行之有效的处理措施。

○ 整合功能

社会制度规定了社会成员的行为模式，但不是所有的成员都会严格遵守制度规范的要求，可能会在行为上出现偏差。为了保证社会的正常运行，社会制度必须对存在偏差的行为进行干预和控制，根据行为的偏离程度进行相应的惩罚和制裁，这就是社会制度的整合功能。

除上述的三种主要功能以外，社会制度还有传递和创造文化的功能，它通过保存与传递人类的发明、创造、思想、风俗、习惯等文化，使之一代代地沿袭。

任何一种制度都不是完美的，不可能只有正功能而没有负功能，但制度的正负功能是相辅相成的，我们无法将两者剥离。不过，我们可以通过不断地改革和完善制度，最大限度地发挥制度的正功能，抑制其负功能。

57 为什么人们会遵守社会规范？　社会规范

中国有一句俗语："不以规则，不能成方圆。"意思是说，做人做事要遵守规范。

规范，英文单词是"norm"，来自拉丁文"norma"，原本是指木匠所用的规尺，后来被用于研究人的社会行为，表示人的行为标准，从而以一个特定的概念——社会规范（social norms）固定下来，成为社会学、心理学、哲学等多学科共同研究的对象。

> **知识点**

社会规范，是指特定情境下，某一群体成员广泛认可的行为标准。

我们都知道，不遵守法律会遭到惩罚，知法犯法更是罪加一等。毕竟，法律是一种强制性的社会规范。然而，有些社会规范并不是强制性的，为什么人们也会选择遵守呢？

> **知识点**

社会规范是人们在长期的相互博弈中达成的普遍共识。一个人想要在社会中生存，需要与他人建立联结与合作，遵守基本的社会规范可以得到绝大多数人的认同；反之，则会遭到孤立，或成为众矢之的。

美国芝加哥大学法学院高级讲师理查德·A. 波斯纳，对于"人们为什么遵守社会规范"的问题做出了四方面的解释，大致如下：

○ 出于自身利益选择主动遵守

波斯纳做了一个假设，如果一个社会规范是纳什均衡，不需要第三方的强制，人们也会选择自我实施。道理就跟下棋、玩游戏一样，总是不遵守规则，就会被群体排斥，甚至遭到群体的驱逐。

○ 出于对情绪化报复行为的担忧

社会规范是预期每个人都应该遵守的行为方式，如果某个人的行为方式与他人的预期不同，对方可能会采取情绪化行为加以报复。出于这种担忧，人们往往会按照社会规范提供的预期来行动。最常见的情形就是，排队时有人不守规矩"加塞"，就可能遭到其他人的斥责；遇到脾气火暴的人或特殊情况，双方在愤怒之下失去理智，还可能大打出手。

○ 出于对自尊、形象和名誉的维护

在正式的场合穿不合适的衣服，会招来他人异样的目光；在别人发言时随意打断、大声喧哗，会遭到周围人的鄙视；不按规范的语言说话，会受到别人的耻笑；在公共场合高声打电话，会被认为缺少教养。为了减少难堪的情况发生，不被他人讥讽、嘲笑，任何一个有自尊心的人都会选择遵守基本的社会规范；越是在意名誉的人，社会规范执行得就越好。

○ 出于内在的良知与行为规范

社会规范原本是外部力量对个体行为的约束，随着时间的推移，这种外在的约束可能会内化成个人的习惯，成为内在的行为规范。当一个人做了有悖于社会规范的事情时，往往会受到自己良心上的谴责，产生负罪感、羞耻感。为此，即使没有外部的监督，个人也会自觉遵守社会规范。人们之所以重视教育，也是因为它对社会规范的内化有重要作用。

社会规范的存在，让个体知晓了行为的准则与边界，可以恰当地与他人相处，维护社会稳定。对于社会的稳定和发展来说，社会规范是不可缺少的。社会规范越完善、越充分，就越有利于维护社会秩序，促进社会发展。

58 习俗与公德有什么不同? 　　社会公德

社会规范大致可分为两类，即风俗习惯与社会公德。

知识点

风俗习惯，是最早出现的、最普遍的社会规范。有些自发的行为规范被人们长期、反复地遵循，从而形成一种风俗习惯，即使在没有外部压力的情况下，人们也会遵守。

风俗习惯包括日常生活中相互约定，应当遵守的事项，比如：乘车或购物结账要排队；上课或开会时把手机调成静音状态；图书馆、音乐厅内不可大声喧哗，不能带食物入内等。遵守风俗习惯可以避免人与人之间产生不愉快，减少摩擦和矛盾。不过，风俗习惯也包含群体或社会的一些旧习俗，有些内容可能已经不再适用于当下。

知识点

对于与社会生活关系紧密的事物与行为，人们予以是非、对错、良善等评价来进行褒贬，从而形成社会公德，这是比风俗习惯高一层的社会规范。

社会公德是存在于社会群体中的道德，是人们为了群体的利益而约定俗成的行为规范，与公共生活密切相关，如文明礼貌、爱护公物、保护环境等。社会公德具有普遍性和连续性，不因社会形态的变化而中断，它是内化了的行为规则。

通常来说，一个人违背了风俗习惯，顶多是招来异样的目光或是非议，不会受到太过严厉的惩罚，比如，寒冷的天气里，穿着单衣在路上行走，路人只会觉得匪夷所思。然而，一旦违背了社会公德，如在考试中弄虚作假，组织就会通过警告、取消考试资格等方式对行为人进行惩罚和规诫。通常来说，为了减少社会舆论和良心上的谴责，人们都会自觉遵守社会公德。

59 犯罪行为对社会有积极作用吗？ 越轨行为

知识点

在社会学中，偏离或违反一定社会规范的行为，被称为越轨行为。犯罪是越轨行为的一种特例，即违反正式提升为法律的社会规范。

即使有多种理由驱使着人们遵守社会规范，但仍然有人会做出越轨行为，他们为什么要这样做呢？另一位在芝加哥大学法学院工作的教授埃里克·A. 波斯纳（理查德·A. 波斯纳的儿子），在他的著作《法律与社会规范》中回答了这个问题。

埃里克·A. 波斯纳认为，一些人之所以违反社会规范，主要因为以下几点因素：

（1）过分追求短期利益，忽视个人声誉与长期合作。
（2）其他人无法对其实施惩罚（如过去农村的"土霸王"）。
（3）存在不同规范的治理人群，或是规范变化太快。
（4）表达对特定群体或组织的忠诚（如黑社会组织）。

多数人出于良知以及对社会舆论的忌惮，会自觉遵守社会公德，且普遍排斥和憎恶越轨行为。毕竟，越轨行为的存在会在某些方面导致社会功能失调，如破坏他人遵守规范的动机、毁掉人们对组织社会生活的信心、伤害他人和社会的利益、破坏人与人之间相互依赖和信任的关系。

知识点

越轨行为对社会的影响主要是负面的，但从社会学角度来看，它也可以直接或间接地引发一些正功能，有助于定义社会规范、增进群体之间的团结、促进社会体系发挥作用。

涂尔干指出，越轨行为是任何一个社会组织都必然会出现的情形，是社会组织的组成部分。他认为，越轨行为在客观上起到了巩固社会秩序的作用。

具体来说，越轨行为的潜在正功能体现在以下几个方面：

○ **越轨行为明确了社会规范，增强了群体的团结性**

涂尔干强调，为数有限的越轨行为是对规范的重申，也是对其他人的警告，让人们知晓好坏、对错的道德边界，清楚地看到越轨行为的下场，从而趋于约束，不敢轻易偏离社会规范。在对越轨者实施制裁时，其他人也会意识到，自己的行为是符合规范的，对不符合规范的行为产生集体排斥，让反对越轨行为的群体变得更加团结。

○ **越轨行为带来某些规范与制度的变化**

社会在不断发展，而有些规范和制度已过时，对人们的行为产生了一定的阻碍。此时，越轨者通过挑战陈旧的、僵化的规范和制度，能够让社会更好地进步。

○ **越轨行为可以为社会提供缓冲的余地**

置身于社会中，个人的某些需求可能无法得到满足，长此以往，就可能导致个体精神崩溃，或引发扰乱社会秩序的行为。从这一层面来说，容忍一定程度的越轨，可以给人们提供一条心理宣泄的途径，起到社会缓冲的作用。

60 社会控制的功能是什么? 〔社会控制〕

1901年,美国社会学家E. A. 罗斯在其著作《社会控制》一书中,首次从社会学意义上提出"社会控制"的概念,这一概念的提出意义重大。

> **知识点**
>
> 社会控制,是指社会组织运用社会力量,通过某种奖惩办法调节、约束个体或群体的社会行为,确保其遵守社会规范的社会机制。

罗斯认为,人的天性中存在一种"自然秩序",它包括三个部分:同情心、互助性和正义感。这些"自然秩序"成分使人类社会处于一种井然有序的状态,人们相互同情、相互帮助、相互约束,自行调节个人的行为,避免出现矛盾纷争,引发社会混乱。

到了19世纪末20世纪初,工业化、城市化迅速发展,这种自然秩序遭到了破坏。生活在陌生的环境中,社会交往的"匿名性"提高,人的价值观念与道德规范之间产生了强烈的冲突,"自然秩序"很难再对人的行为产生约束效用,犯罪行为频繁出现。基于这一情形,罗斯提出人类需要一种新的机制对人或群体的行为进行约束,社会控制由此产生。

广义的社会控制，泛指对一切社会行为的控制；狭义的社会控制，特指对偏离行为或越轨行为的控制。罗斯指出，法律、信仰、礼仪、舆论、宗教、社会评价等，都属于社会控制的手段。

积极的社会控制，建立在积极的个人顺从动机之上，以倡导、鼓励等方式来预防违规行为的发生。消极的社会控制，则是指运用惩罚手段来制裁某些违规行为，是违规行为已经发生且产生了消极后果之后的控制，故而称为"消极"。

61 多数人为什么不犯罪？ 社会键理论

美国社会学家特拉维斯·赫希在《少年犯罪原因探讨》中指出，"人为什么会犯罪"是不需要解释的，而"人为什么不犯罪，或人为什么有循规蹈矩、遵纪守法的行为，才需要我们解释"。

赫希认为，人类具有动物性，因而天生就有犯罪的本能倾向，如果把文明的外衣拿掉，人人都会犯罪。多数人之所以不去犯罪，是因为有外在的社会控制机制存在。如果一个社会中的控制机制被削弱或消失，犯罪行为会因不受抑制和约束而成为一种普遍现象。

基于这一点，赫希强调，个人与社会之间的联结"纽带"至关重要。如果这条"纽带"足够强大，个人就不能随心所欲地违规；反之，个人就会无约束地发生越轨行为。那么，联结个人与社会之间的这条"纽带"到底是什么呢？

> **知识点**

在赫希看来，控制人们不犯罪的关键要素有四个，即依附、追寻、参与和信仰。他将其称为"社会键"，认为这些要素在阻止人们违反社会规范方面发挥着特殊的影响力。

○ 依附

一个人在情感上越是依附于家庭、学校或其他社会同伴团体，就越不可能走上犯罪的道路。父母为其成长付出的感情与心血，会让其在良心和理性方面形成调节行为动机的力量；对同伴团体的依附，也会让其在意同伴们对自身行为的看法和建议。可以说，依附对人而言是一种心理上的牵制力。

○ 追寻

如果一个人投入相当的时间和精力去学习，并树立高远的目标，那么他一定会考虑到实施犯罪行为对自身前途和未来生活的影响。

○ 参与

社会键理论认为，邪恶产生于懒人之手。一个人对事业或学业感兴趣，会心甘情愿地参与到与之相关的活动中，不会感到空虚无聊，也不会游手好闲，接触不良社会因素的机会大大降低，从而减少违法犯罪的可能。

○ 信仰

当一个人内心深处对社会的道德规范或法律充满认同时，内心会产生明确的是非观以及强烈的正义感，就会强化个人的自我控制力，减少犯罪的机会。反之，不相信执法机关的力量，对社会规范心存疑问，就很容易踏进越轨行为的泥潭。

62 谁创建了"越轨者"的身份？　标签理论

时常会听到有人说："不要给我贴标签！我不接受任何标签！"话语中传达的意思，多数人都明白，但要详尽地解释一下"标签"的内涵，却不是每个人都能够讲出来。实际上，这里所说的"标签"，指某些人给另一些人所施加的符号或固定看法。

知识点

在社会学中，解释越轨行为产生的原因及其发展过程的理论，被称为"标签理论"。

标签理论根植于符号互动论，认为越轨行为是社会互动的产物。这一理论的关注焦点是越轨行为产生的过程，而不是越轨行为产生的原因。

知识点

标签理论认为，一个人之所以成为越轨者，是因为在社会互动

中被周围人贴上了"越轨者"的标签，这些标签将他与"社会的正常人"区分开来。被贴标签的人，在不知不觉中调整了"自我形象"，逐渐接受社会对他的不良评价，认同他人的观点，导致越轨行为进一步加剧。

一些孩子在家庭中鲜少得到关爱，学习成绩也不理想，故而经常以扰乱课堂纪律、戏弄同学等方式博得他人的关注。在处理这些孩子的行为问题时，有些老师或家长很武断地给他们贴上"不良少年""坏孩子"的标签，致使周围的同学更加排斥和远离他们。结果，这些孩子真的自暴自弃，认为自己"无药可救""没有人喜欢自己"，就到社会闲散青年群体中寻求认同，最后成了名副其实的"不良少年"。

回想起来，每个人在成长的过程中都会有一些违规的行为，但只有被贴上"标签"的初级越轨者，才有可能走上"越轨生涯"。标签理论提醒我们，一个人是否犯罪或越轨，并不完全取决于他们的行为本身，还取决于周围人的看法。

当公众给一个人贴上"越轨者"的标签时，对于真正的危险分子可以起到预防作用，但也会让那些"不是故意破坏社会秩序"或是清白无辜的人，陷入被孤立、排斥、歧视的处境。这就相当于给他们创建了一个"越轨者"的身份，在被他人歧视的过程中，他们会改变自我观念以及对社会的态度，最终被迫走上犯罪的道路。

63 犯罪是习得的吗? 　　差异交往理论

美国现代著名犯罪学家埃德温·萨瑟兰，在1939年出版的著作《犯罪学原理》中提出了"差异交往理论"，这也是20世纪美国犯罪学三大经典理论之一，其他两个理论分别是"社会控制理论"和"紧张理论"。

> **知识点**
>
> **差异交往理论认为，每个人对外在经验连结的方式不同，当习得在特定情境中倾向犯罪的"定义"多于不犯罪的"定义"时，便可能在此情境中做出犯罪行为。**

萨瑟兰认为，犯罪行为和其他行为一样都是后天习得的，一个人之所以犯罪或做出越轨行为，是因为在他的脑海中，支持犯罪行为的解说远远超过支持遵纪守法的解说。在对这一理论进行修订和完善后，萨瑟兰将差异交往理论的核心内容总结为9点：

（1）犯罪行为是通过学习获得的。

（2）犯罪行为是在与他人的交流互动中学会的，包括言语和形体动作。

（3）犯罪行为的学习主要发生在关系亲密的群体中，电影、报刊等间接的、非个人面对面的交流方式，对犯罪的影响相对较小。

（4）犯罪行为的学习包括犯罪技能、动机、合理化思考与态度（倾向犯罪vs反对犯罪）等。

（5）犯罪的特定动机和驱力，是从对法律赞同或不赞同的定义中学来的，即"在这种情况下，这个行为是好的/坏的/可以的/错误的？"当两种文化环境同时存在、相互交织时，就会在对待法律规范时出现冲突。

（6）当个体所处的环境中，赞同违法的观念压过赞同守法的观念，他就更有可能犯罪。这也是差异交往理论的基本原理，即一个人会犯罪，不仅是因为他和犯罪的榜样接触过多，也因为他缺少与赞同守法的榜样接触的机会。

（7）犯罪行为的学习会因为交往频率、持续性、顺序和强度的不同而产生差别。

（8）学习犯罪行为的过程，不仅是模仿的过程，还包括其他的学习机制。

（9）犯罪行为是一般需求和价值的反映，但不能用这种反映来解释犯罪行为。因为非犯罪行为也是一些需求和价值的反映。

差异交往理论诠释了"近朱者赤，近墨者黑"的效应，也为预防和矫正犯罪提供了思路：犯罪是后天习得的，因此可预防；将犯罪行为人重新置于不认可犯罪的环境下，他们就有可能摒弃原来的价值观念和行为取向，这是矫正犯罪行为的一种有效途径。

64 当社会价值观导向出了偏差　　社会失范

2018年6月底,上海市世界外国语小学的校门口发生了一起残忍的砍人事件。

犯罪嫌疑人在学生放学时,携带砍刀冲向放学队伍,造成2名学生身亡、1名学生和1位家长受伤。据悉,持刀砍人者没有精神疾病,且接受过大学教育,只因在上海找不到工作,故而产生了报复社会的心理,把砍刀投向了毫无反抗能力的孩子。

这只是一个单纯的失意者报复社会的事件吗?不能完全这样说,虽然这一越轨行为是个人所为,有其自身的心理原因,但它其实也折射出了社会失范的影子。

知识点

社会失范,是指当社会规范不得力、不存在或彼此相互矛盾时,个人与社会所出现的一种混乱、不知所措的状态。简单来说,就是社会价值观的导向出现了偏差,社会规范不再对人形成有效的约束和控制,致使社会功能出现紊乱,个体的行为也偏离了正常的轨道。

社会失范分为两种,一种是个体的行为失范,另一种是社会的系统失范。

个体的行为失范，就是在个体层面上违反人们共同生活的社会公德或法律规范，如在公共场合大声喧哗、寻衅滋事，或是欺骗、抢劫、盗窃、行凶等。个体的行为失范会对社会局部的正常运行产生影响，如干扰到周围的人，或是影响所住社区的居民。

社会的系统失范，是整个社会的价值和规范体系呈现出无序状态，无法发挥指导和约束社会成员思想与行为的功能，导致越来越多的社会成员产生越轨或反社会的行为。

人的欲望是无穷无尽的，贪婪好斗、沉迷享受、追逐名利都是人的天性，这些天性需要靠社会定义的道德来抑制；一旦规则体系被破坏，社会就丧失了原有的疏通、引导人类欲望和需求的能力。在这样的情况下，个人的行为失范越来越多，又会反向恶化社会的系统失范，两者互为因果，相互影响，最终陷入恶性循环。

65 过分强调成功的恶果　　紧张理论

涂尔干认为，社会失范通常发生在两个时期，一是社会急剧转型，经济陷入大萧条的时期；二是社会高速发展和上升，经济走向繁荣的时期。当社会的物质基础发生了变化，相应的道德、价值观以及社会规范也会发生变化，旧的社会规范不再适用于当下的社会模式，而新的规范又没有产生，此时社会就进入了一种"文化失范"的状态，这种文化失范很容易引发犯罪。

美国社会学家、犯罪学家罗伯特·金·默顿于1938年提出的"紧张理论"，就是侧重于研究社会中个人目标与社会规范间的文化平衡。

> **知识点**
>
> **紧张理论，是指如果社会氛围过度强调成功的结果，忽视实现目标手段的合法性，个人就会产生紧张情绪和压力。当用合法手段实现目标的努力受阻，他就可能选择用非法手段来达成目的，将努力转向犯罪活动。**

默顿认为，成功是美国文化中一种强有力的价值观，而成功又以拥有的金钱数量和物质财富作为衡量标尺，它鼓励每个人相信自己和其他人一样有获得成功的权利，且可以通过自身的努力去实现目标。

然而，碍于社会条件和经济现实，并不是每个人、每个群体都可以达到这种文化目标，所以强调达到目标的制度性手段就显得格外重要。如果过分强调这种文化目标，忽略达成这种目标的制度性手段，人们就会不择手段，实施越轨或犯罪行为。

66 为什么会滋生暴力? 暴力

社会失范带来的负面影响是多方面的,其中最严重的莫过于滋生暴力。

暴力涉及两个层面,一是个体之间的矛盾冲突,二是群体性的暴力冲突。回顾历史事件不难发现,在社会失范的宏观层面上,经常会产生群体性的暴力冲突,规模越大、程度越深,越容易被关注;在微观层面上,国家、社会和群体的冲突中又包含着个体之间的冲撞。

暴力的危害不容小觑,这一点大多数人都知道,可即便如此,为什么暴力仍在不断地发生呢?到底是什么滋生了暴力呢?

知识点

不少学者从社会关系变动的层面对暴力滋生的原因进行研究,指出暴力的形成与三个因素密切相关,即身份认同、同化效应、暴力隧道。

○ 身份认同

美国社会学家查尔斯·蒂利在《集体暴力的政治》中指出,暴力的具体产生机制是:社会关系的互动产生社会身份的边界,在不断强化"我们—他们"二元对立的身份边界时,暴力情景被建构,进而引发冲突和群体暴力。

诺贝尔经济学奖得主阿马蒂亚·森在《身份与暴力》中说

得更加直白:"身份认同可以杀人,甚至是肆无忌惮地杀人。在世界范围内,因为身份冲突引发的暴力似乎在越来越频繁地发生。"

当人们将所属的群体与其他群体进行比较时,如果对方比自己"过得好",就很容易产生嫉妒和怨气。当对立的身份认同与特定的意识形态、价值取向等联系在一起时,可能会因歧视或偏见而滋生暴力。

○ 同化效应

古斯塔夫·勒庞在《乌合之众》中指出:"个人一旦进入群体中,他的个性便湮没了,群体的思想占据统治地位,而群体的行为表现为无异议、情绪化和低智商。当个体长期处于群体中,群体的共同情感、目标和价值取向,会在一定程度上削弱个体对暴力的恐惧感,让个体在集体的狂热中获得一种安全感。"

由于"法不责众"的心理,不同个体聚成群体时,会做出平时不会或不敢做的行为。而且,群体行为容易受到暗示和传染,群体中的一个口号或行为,往往会对他者产生暗示和传染,让其产生强烈的模仿倾向。这种同化效应使群体更容易形成一致的观点和行为、煽动情绪,在特定情形下滋生群体性的暴力行为。

○ 暴力隧道

大多数个体之间的暴力持续时间很短,可如果有人围观的话，情况就不同了。为此，兰德尔·柯林斯提出了"暴力隧道"的说法，即大多数暴力持续的时间有限，但若有足够多的人围观参与，这条隧道就会变得又宽又长，观众就变成了隧道的建设者。

结合诸多现实事件来看，社会一旦进入失范的局面，暴力就会不断滋生。暴力会给人留下难以磨灭的痛苦印记，还会影响到人与人之间的情谊与信任。所以，社会发展和前行的一项重要任务就是避免社会失范，减少暴力的发生。

67 自杀只是因为"想不开"吗？　　自杀

互联网的普及，让我们每天都可以便捷地获取大量信息，了解发生在世界各地大大小小的事件，其中不乏一些负面的社会新闻。每每浏览到与"自杀"相关的消息时，多数人会心头一沉，感叹一个鲜活的生命戛然而止。

提及"自杀"的原因，普通大众总觉得自杀者是遭遇了生活困境、心中郁结难解，抑或是患上了抑郁症，才会走上轻生之路。这种认识是从个体行为的角度出发的，有些狭隘，缺少系统性和完整性，让我们看看社会学家是怎样分析的吧。

> **知识点**

涂尔干通过实证研究，否定了精神错乱、酗酒、种族、遗传、效仿和自然环境等因素对自杀的影响，认为自杀是由社会因素引起的。他从自杀率的统计数据中发现规律，并按照导致自杀的社会因素将自杀分为四类：利己型自杀、利他型自杀、失范型自杀和宿命型自杀。

涂尔干认为，人是一种社会性动物，不能像孤岛一样活着，需要与他人发生联结。由此，他提出了"社会整合"的概念，即一个社会群体内部的紧密联系程度。

> **知识点**

如果一个群体的成员之间有相似的信仰、频繁的互动，那么这个群体就有较高的社会整合度，所属群体的个体也会感觉自己和社会紧密相连，即使陷入逆境也不会轻易选择自杀。

了解了社会整合度之后，我们再来详细解读一下涂尔干提出的四种自杀类型：

○ 利己型自杀

当一个人与社会、群体之间的关系薄弱，无法很好地进行社会整合时，就会产生一种疏离感和孤独感，从而认为离开这个世界对自己而言是一种解脱，这就是所谓的"利己型自杀"。

○ 利他型自杀

当一个人过分地与社会融为一体时，个体的主体性完全被个体的群体身份掩盖，个体完全是为群体而活。在特定的情况下，个体可能会通过牺牲自我，满足对群体的义务。曾经，有200人为了在印度南部建立一个独立国家而选择自杀；韩国有4个年龄在6~13岁的姐妹服用老鼠药自杀，原因是希望减轻父母的经济负担，留下足够的钱给3岁的弟弟上学。

○ 失范型自杀

由于社会混乱、失序导致的自杀行为，就属于失范型自杀。在经济萧条、战争和饥荒时期，社会的混乱状态改变了人们的生活目标，让人们陷入无望与绝望之中，继而产生自杀行为。比如，在经济危机最严重的2007~2009年间，希腊的自杀人数上升了19%。

○ 宿命型自杀

这类自杀的起因是社会对某一部分人的过度压抑与管制，让个体失去了生活的希望。比如，在一些农村地区，青壮年男性外出务工，留守的女性无法与丈夫一起生活，家庭纽带变得薄弱，情感压抑无法得到宣泄，她们自杀的可能性就会增加。

涂尔干认为，影响自杀的真正原因不是个体因素，而是社会力量。这提醒我们，个体与社会之间是一种有机的关系，只有社会性与个体性保持平衡，人们才会处于一种正常的生活状态，从而不会诉诸自杀。

68 究竟是"天使"还是"恶魔"？ 社会舆论

2018年10月28日，重庆市万州区的一辆公交车与私家车碰撞后，不幸坠江。

事件一发生，立刻轰动全国。有人爆料说，事故是因为开小轿车的女司机穿高跟鞋逆行所致。瞬间，"坠江事件"与"女司机"成了网络搜索的热门关键词。事件迅速发酵，各大媒体和大V都争相报道转发，女司机一时间被推到风口浪尖，遭遇了一片谩骂。

重庆万州警方对事件进行了深入调查后，公布了公交车坠江原因：车内黑匣子监控视频显示，事故原因系乘客与公交车司机发生争执互殴，导致车辆失控，在行驶中突然越过中心实线，撞上了对向正常行驶的小轿车后，冲上路沿撞断护栏，随后坠江。

坠江事件真相大白了！那些一开始不断声讨私家车女司机的媒体、大V和千万网友们，有的悄悄删除了之前的不实报道，有的就当什么都没发生过，开始把批判指责的矛头指向公交车上情绪失控的乘客。可是，那个饱受舆论伤害的无辜女司机及其家属，却没有因为事件真相大白而感到欣慰，网络暴力对他们造成的伤害已经形成，甚至成了难以抹去的一道伤痕。

坠江事件虽已过去很久，却依然值得反思。

有些人并不在意事情的真相，只是单纯地想利用"负面新闻"吸引眼球，使真假对错尚且不明的事件发酵，谋得私利；更多的网友是完全不了解事情的真相，只凭借道听途说就制造舆论导向，站在"道德"和"正义"的制高点上，认为自己手握真理和良知，对身陷事件中的无辜当事人进行尖刻的批判。

无论哪一种，都让我们看到了一个事实：个体的行为会受到社会的影响，在社交网络急速发展的今天，从前只存在于街坊邻里之间的小舆论，会被无限放大成整个社会的大舆论。舆论的力量不容小觑，它可以像"天使"一样拯救一个人，也可以像"恶魔"一样毁了一个人。

知识点

社会舆论，是指相当数量的公民对某一问题的共同倾向性看法或意见，其精神内核是群体意识，通常以拥护或反对、赞扬或谴责的方式对某一公共问题进行公开评价。

社会舆论的形成大致可以分为三个阶段，即问题发生、引起议论、意见的归纳与综合。社会舆论不同于个人意见，它是在一定范围的群体内形成的一种公共意见，具有如下特点：

（1）被社会上绝大多数人所认同，能够产生心理共鸣。

（2）经过相当长时间的讨论和辩论，最终形成的意见综合体。

（3）有时是一种合理的判断，有时是纯粹的感情冲突。

（4）起初来自少数人的意见，经过讨论得到多数人赞同,成为社会上的主要意见。

(5)舆论形成后会产生社会效力,对人的行为产生社会影响。

社会舆论对个体或群体行为的影响很大,且有积极和消极之分。

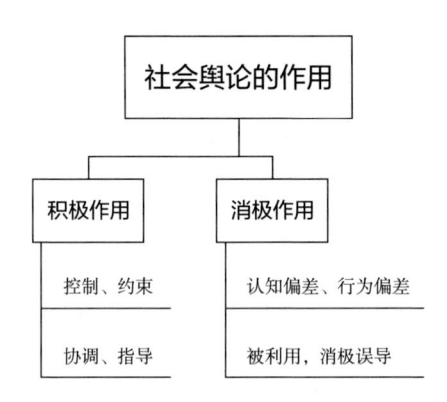

```
                社会舆论的作用
                      │
        ┌─────────────┴─────────────┐
     积极作用                     消极作用
        │                           │
    控制、约束                 认知偏差、行为偏差
        │                           │
    协调、指导                 被利用,消极误导
```

舆论一旦形成,往往会对人们关于某件事情或问题的言行产生一种无形的控制和约束作用。由于舆论代表公众的意见,会给个体带来一定的心理压力,因而可以指导个人的言行,使其与舆论表达的公众意见相一致,有助于增强群体的团结性,纠正不正当的意见。

但事物都有两面性,社会舆论也有消极的作用。如果舆论建立在错误的认知上,就会误导人们的认知和行为。由于舆论有强大的社会影响力,可能会被别有用心的人利用,从而让人们的言行朝着错误的方向前进,甚至会影响社会秩序。

在互联网时代,信息的传播与发酵速度超出我们的想象,每个人都是社会舆论的制造者与传播者。在不清楚事实与真相的情况下，希望我们都可以保持理智的头脑和善意的心，不要成为助推"恶魔"的凶手，让可能原本无辜的人丧失正常的生活，乃至对生活的信心。

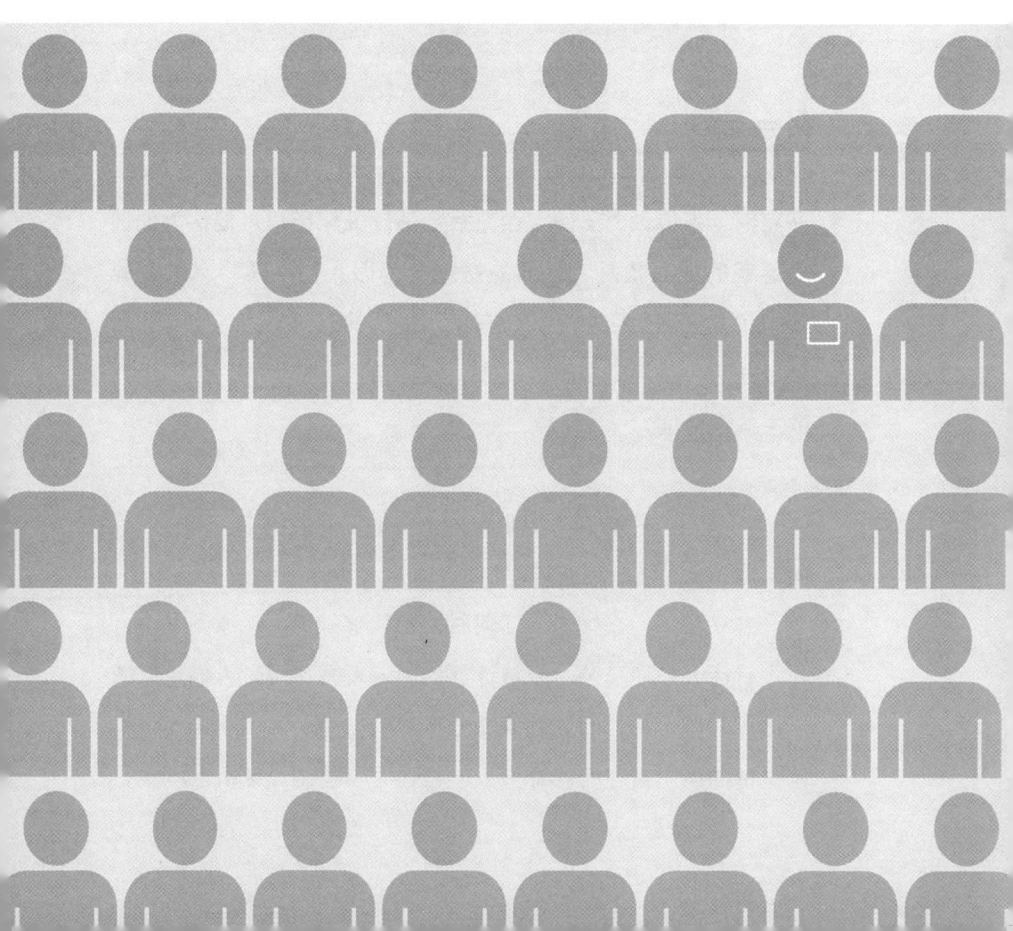

CHAPTER 06
你真的熟悉文化吗?

69 人类的"梦醒时分" 祛魅

在文艺复兴和宗教改革以前,欧洲大陆一直处在天主教会的神权统治之下。教会控制着人们的精神,不允许任何违背宗教的价值体系存在,就连科学也包括在内。经历了文艺复兴与宗教改革之后,天主教会的精神垄断被打破,西方开始进入理性化的历程,人类迎来了"梦醒时分"。

知识点

马克斯·韦伯致力于研究西方社会的理性化历程,他认为理性化历程的核心就是"世界的祛魅",即人们不断将宗教世界观、宗教伦理生活中一切带有巫术性质的东西视为迷信与罪恶加以祛除,从巫魅中解放出来,获得自己理解世界、控制世界的主体性地位。

1919年,韦伯在《以学术为业》的主题演讲中,对"世界的祛魅"做了清晰的阐述:

"只要人们想知道,任何时候都能够知道。从原则来说,再没有什么神秘莫测、无法计算的力量发挥作用,人们可以通过计算掌握一切,而这就意味着世界的祛魅。人们不必再像相信这种神秘力量存在的野蛮人一样,为了控制,或祈求神灵,或求助于魔法,而是技术和计算在发挥着这样的功效,这比其他任何事情都更加明确地意味着理智化。"

"世界的祛魅"过程,就是世界从神圣化走向世俗化、从神秘主义走向理性主义的过程。

在前现代社会,人们相信世界是一个有意义的体系,世间所有事件的安排都有其内在根据和理由,都可以在某种神圣的秩序里发现和确定自己的位置。祛魅拉开了现代社会的序幕,神圣的超越世界崩塌,人代替超越之物成为自己精神的主宰;世界不再是一个充满迷魅或巫术的存在,而是人的理性完全可以把握的因果机制。

【知识链接】

科学是万能的吗?

人类社会近百年来的发展离不开科学,它为我们创造了数不清的福祉。然而,科学只是世界的一部分,它并不是万能的,韦伯在《以学术为业》中鲜明地指出,科学不涉及终极关怀。如果只用科学这一工具来丈量世界,无疑是片面的。

70 一个社会的全部符号　　　文化

科学技术的每一次重大突破,都会引起生产力的深刻变革,开创人类文明的新纪元。科学是撬动文明的杠杆,而文明又通过文化的形式来呈现。这里说的"文化",不仅指文学、艺术、哲学等高级形式的文化,也包括人类日常生活中的言语和行为。

知识点

文化是一个社会的全部符号。

我们在符号互动论里讲过,社会可以被视为一个由人创造和使用的符号的总和。人们赋予各种事物意义,符号是承载这些意义的记号,包括色彩、图案、声音、动作和语言等,一个社会中的全部符号,统称为"文化"。

文化的本质是一种观念形态,但其作用并不限于观念形态和精神领域,人们的经济生活、制度设计、行为方式、日常生活都具有特定的文化内涵。那么,文化到底有哪些作用呢?

○ 传递文明

文化与器物不同,它可以延续且泽及后人,让个体在较短时间内掌握人类过去长期积累的经验、知识与文化观念。倘若没有这种教化,一切"从头开始",恐怕我们现在仍是原始人。

○ 规范行为

每一种文化都代表着历史沉淀下来的,并被特定社会、一定群体所共同认可、遵循的行为规范,通过家庭启蒙、学校教育、社会示范、社会舆论等文化手段,对人的行为进行约束和指导。如果个体明显背离生活于其中的文化环境,其生存就会陷入困境。

○ 促进团结

作为价值体系和行为规范，文化提供了是非对错、好坏善恶等社会标准，并借助社会教育而内化成个体的是非感、正义感、羞耻感、责任感等，从而提高人们的道德情操、认知水平、文化认同，促进社会团结。

71 为何越来越读不懂年轻人？ 亚文化

几年前，一个名叫"洛天依"的歌手举办首场演唱会，售价1280元的门票仅仅上架3分钟，就被一抢而光，这场演唱会的独家网络直播平台的观看人数超百万。

正在阅读本书的你，可能对"洛天依"早有耳闻，也可能从来没有听说过这个名字，甚至此刻还在纳闷：这位歌手是哪里人？我怎么从来没有见过呢？其实，有这样的疑惑也是正常的，因为"洛天依"并不是真人歌手，而是用3D技术与其他技术合成的虚拟歌手。

答案揭晓的这一刻，是不是感觉更惊讶了？甚至忍不住感慨，怎么越来越读不懂现在的年轻人了？其实，这并不能怪"你"，毕竟这样的情形在许多人的生活中和主流媒体中是少见的，想要了解追崇虚拟歌手的年轻人，就得先读懂不同于主流文化的——亚文化。

> **知识点**
>
> 亚文化，是指在主流文化或综合文化的背景下，属于某一区域或某个集体所特有的观念与生活方式。亚文化的主要特征体现在三个方面：与主流文化不同、局部小众的、有独特的圈子理念，也被称为"次文化"。

美国学者大卫·雷斯曼在谈及主流文化与亚文化的区别时，指出亚文化具有颠覆精神。他认为，大众是消极地接受了商业所给予的风格和价值的人，而亚文化的受众是积极地寻求一种小众风格的人。换言之，主流文化的受众是被动的，亚文化的受众是积极主动的。

亚文化的本质是一种更主动的文化圈子，人们一旦有了自己的亚文化圈子就会着迷，个体在受到亚文化圈群体的认可后，行动意愿会变得更加强烈，对群体的依赖性也更高。

72 你听说过"火星文"吗？　　隐语

如果你知道"火星文"，接下来的测试你就可以跳过；如果你是头一次听说，那么我建议你亲自体验一下，以便获得更深刻的体验。

Step1：打开浏览器页面，搜索"火星文生成器"；
Step2：选择一款在线工具并打开；
Step3：选择"中文简体转火星文"，任意输入一句话；
Step4：点击"转换"按钮，欣赏"火星文"。

我输入的内容是——"什么是火星文？"
转换后的内容是——"什庅湜焱暒妏？"
这句看起来奇奇怪怪的文字，就是曾被一代年轻网友们普遍使用的，非规范简体字、非规范繁体字的——"火星文"，也是专属于他们的"隐语"标志。

知识点

隐语，是指一个群体的专属语言，也是亚文化群体中一种独特的行为模式。隐语是让亚文化群体中的成员——"圈内人"，能够了解的带有特殊意义的字句，同时也建立了让"圈外人"无法理解的沟通形态。

符号互动论的社会学家指出，语言和符号会给亚文化提供强大的凝聚力，让群体内的成员得以保持对亚文化的认同。这种情况不只出现在网络中，现实生活中也存在。

警察在破案过程中发现，入室盗窃者们在踩点时，也会使用"隐语"来做记号，那是属于他们的"暗号"，普通民众就算看到也只当是胡写乱画，不知其意。后来，警察对盗窃团伙的"隐语"进行破解并公之于众。我们不妨了解一些入室盗窃者常用的"隐语"符号，以提高防范意识：

"＋－"：家里白天有人，晚上没人

"－＋"：家里白天没人，晚上有人

"……"：家庭成员三人

"☆"：目标

"×"：非目标

"√"：已进入过

73 正视社会变迁中的文化滞后　　文化堕距

美国社会学家威廉·奥格本在1923年出版的《社会变迁——关于文化和先天的本质》中，首次提出了"文化堕距"的概念，用来阐述在社会变迁过程中由各部分的变化速度不同而产生的种种问题。

知识点

在社会变迁过程中，物质文化与科学技术的变迁速度往往是最快的，而制度与观念部分的变化比较慢，从而产生一种延迟现象。这种延迟产生的差距即"文化堕距"，也称"文化滞后"。

文化并非静止不动，而是时刻处于变化之中。按照辩证唯物主义的观点，在社会变迁的过程中，"物质文化"会先于"非物质文化"发生变迁，且"非物质文化"在发生变迁时，各部分的变迁速度也不一样，由此产生了文化堕距。

改革开放以来，我国社会经济得到了空前发展，并取得瞩目的成就，贫困地区的落后面貌也有了明显的改观。可是，由于物质文化与非物质文化发展不同步，以及贫困地区的传统文化根深蒂固，人们的思想相对封闭落后，因而文化堕距的现象比较突出。

当原本封闭的状态被打破，外来文化不断地渗透进来，一些不良文化也随之而来。当充满凶杀、色情内容的画报、书刊、影像流入贫困地区的文化市场，面对纷繁复杂的文化差异，青少年的好奇心和模仿欲被激活，很容易诱发越轨行为。

马克思主义认为，物质文化决定非物质文化，而非物质文化一旦形成就具有相对独立性和稳定性。因此，文化堕距是社会变迁中不可避免的一种现象。不过，我们可以通过社会整合与社会改革将差距缩短。

74 外国留学生们的"困境"　　文化休克

来中国之前，卡洛琳的内心既兴奋又紧张，一方面憧憬新的环境、新的事物，另一方面又担心语言不通、无法听懂课堂知识、饮食习惯不适应。来中国后，经历了一段短暂的兴奋期，她便开始感到焦虑和"不习惯"，有些想念祖国和家人，怀念家乡的食物。这一阶段很难熬，大概持续了半年，卡洛琳才从低迷的状态中走出来。

小C是一位中国姑娘，两年前赴泰国担任汉语志愿者。临行之前，她和卡洛琳一样感到兴奋和紧张，可是抵达泰国之后，她的兴奋感瞬间全无，因为真实的环境和生活与她想象中完全不一样，这让她产生了严重的不适应感。这个阶段持续了一周左右，她开始调整自己的心态和状态，很快就进入了适应期。然而，半年之后，小C感到很疲惫，又开始思念家乡。好在这个阶段只持续了半个月，小C又重整状态投入到志愿者生活中。

上述的两个案例，只是留学生群体的一个缩影，他们在跨文化交际的过程中，多半会遇到"文化休克"的问题。这个词语听起来有点儿怪异，毕竟"休克"通常是指人体重要功能的丧失，如心力衰竭、呼吸衰竭等，将它与文化联系在一起是指代什么呢？

知识点

1958年，美国人类学家奥博格首次提出"文化休克"的概念，是指一个人进入不熟悉的文化环境中，因失去熟悉的所有社会交流的符号与手段而产生的一种迷失、疑惑、排斥甚至恐惧的感觉；它反映的是个体由于处在社会性隔离状态而导致的焦虑与抑郁状态。

身在国外的留学生，对于文化休克的体验尤为真切，只是有些时候当事人并不知道自己正在经历或是曾经经历过。文化休克从开始到结束，其实就是一个适应新文化的过程。

大体来说，文化休克可能会让人体验到以下几种感觉：

（1）怀疑感：对自己的选择产生怀疑，不知道这样做对不对，质疑自己的能力。

（2）孤独感：对周围的事物感到厌烦，内心孤独寂寞，提不起精神。

（3）思乡感：对家乡和亲友产生强烈的思念之情，精神难以集中，每天都想和家人联系。

（4）愤怒感：整个人变得神经质、易激惹，认为所有烦恼都源于新的文化环境。

（5）疲惫感：为了不断地进行心理调适耗费大量精力，整个人感到很疲惫。

（6）无助感：由于无法适应新的环境，产生无能为力的感觉。

知识点

文化休克有一条发展曲线，分为四个不同的阶段：蜜月期、沮

丧期、调整期和适应期。

○ 蜜月期

对新环境、新文化感到着迷,心理上有一种难以掩饰的兴奋感,抱着浪漫的态度欣赏新旧文化之间的差异,这一阶段通常持续几周或几个月。

○ 沮丧期

当发现自己不得不应对生活中的现实问题时,最初的兴奋感被失望、失落、焦虑和沮丧所替代。奥博格将这一阶段描述为"病危期":如果能够克服,就可以留下来;如果无法克服,就会在精神崩溃前离开。

○ 调整期

经历了一段时间的沮丧和失落后,人们慢慢找到了适应新文化环境的办法,了解当地的风俗习惯,理解新文化的优点,并建立起一套日常生活流程。

○ 适应期

沮丧、烦恼、焦虑逐渐减少,基本适应新的文化环境与当地风俗,可以自如地生活。

在跨文化交际的过程中,并不是每个人都会经历"文化休克"的四个阶段,也不一定都按照"蜜月、沮丧、调整、适应"的阶段依次进行,有可能是螺旋式地发生,或是几个阶段并存。

文化休克是一个沮丧和消极的过程,但也是一个绝佳的成长机会。我们要以积极的心态看待新体验,敢于跳出舒适区,对新文化秉持开放的态度。认识和了解他国的人民是消解文化休克的重要途径，但这并不意味着放弃自己的文化，正如奥博格所说："理解他人的生活方式很重要，但这并不意味着要忘记自己的文化，重要的是建立两套不同的行为方式。"

75 贫困文化会代际传递吗？　贫困文化

知识点

贫困文化，是从社会文化的角度解释贫困现象的理论。这一理论认为，穷人因为贫困而在居住等方面形成独特的生活方式，这种生活方式促进了穷人间的集体互动，使他们与其他人在社会生活中相对隔离，从而产生一种脱离社会主流文化的贫困亚文化。

20世纪50年代，美国人类学家奥斯卡·刘易斯出版了《贫困文化：墨西哥五个家庭一日生活的实录》。在这本著作中，刘易斯指出："贫困"是一种次生文化，这种文化会传承和循环。长期在贫困文化中的人，深陷于丧失教育、缺少支援的境地，在这种环境下成长起来的下一代，会自然地习得这种贫困文化，于是就产生了贫困文化的代际传递。

刘易斯的贫困文化理论，倾向于贫困的个人责任论，确信个人无法控制生存的环境，因此遭到了不少学者的批评。学界认为，这一理论缺少可靠可信的实证支持，夸大了穷人与其他人在文化上的差异。实际上，穷人本身并不是同质性很强的群体，各群体观念与行为上的差异是社会地位的反映。贫困文化理论并没有解释穷人贫困的起始原因，而是将一种特有的"穷人文化"视为穷人无法脱贫、向上流动的原因，有"谴责受害者"的意味。

76 文化生命力的重要标志　　文化自觉

1997年，费孝通先生在北京大学社会学人类学研究所开办的第二届社会-文化人类学高级研讨班上，首次提出了"文化自觉"的理念。

知识点

文化自觉，是指生活在一定文化历史圈子中的人，对其文化有自知之明，并对其发展历程和未来有充分的认识。换言之，就是文化的自我觉醒、自我反省和自我创建。

为什么费孝通先生要强调文化自觉呢？

我国蒙古族的马头琴传统音乐，被蒙古国申请为该国的非物质文化遗产；我们熟悉的皮影戏，被印度尼西亚申请为该国的非物质文化遗产……这些真实发生的事件，就是最好的回答，它提醒我们要提高"文化自觉"意识，保护好我们的民族文化。

费孝通先生说："文化自觉是一个艰巨的过程，只有在认识自己的文化，理解并接触到多种文化的基础上，才有条件在这个正在形成的多元文化的世界里确立自己的位置，然后经过自主的适应，和其他文化一起，取长补短，共同建立一个有共同认可的基本秩序和一套多种文化都能和平共处、各抒所长、联手发展的共处原则。"

CHAPTER 07
消费主义盛行下的思考

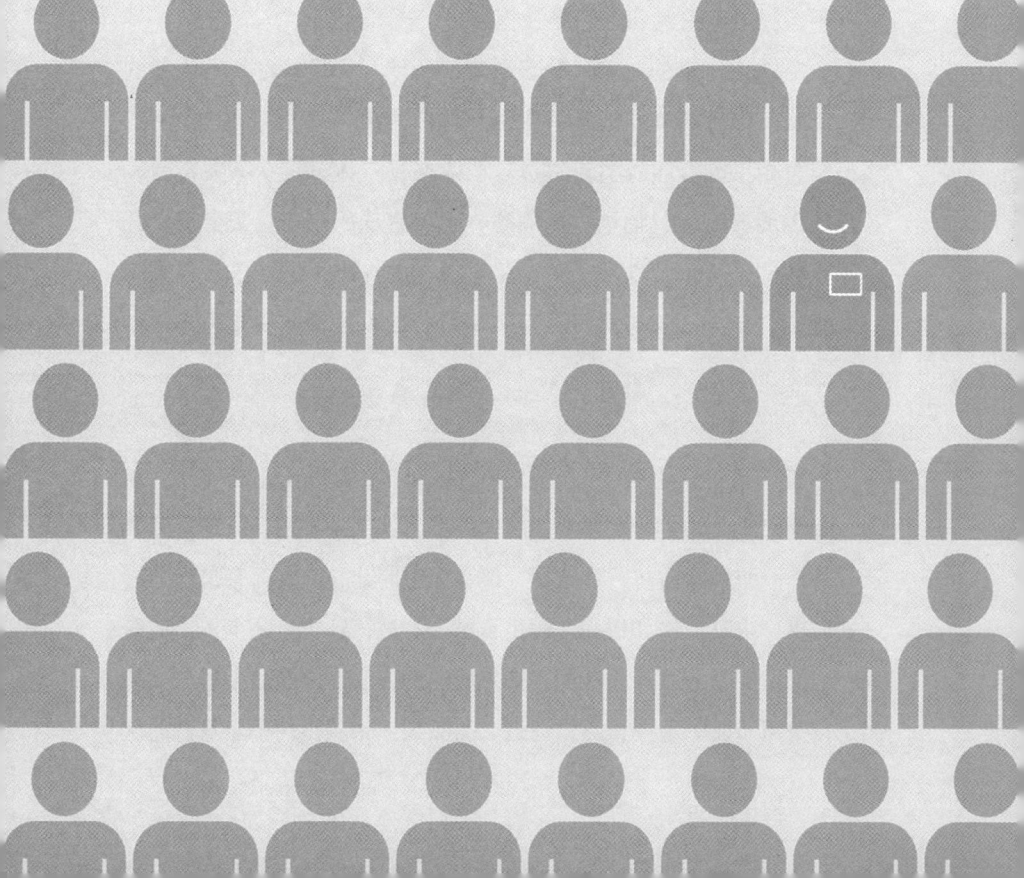

77 消费主义盛行下的思考　　消费主义

网络上曾经报道过这样一则新闻,"90后女护士欠几十万网贷被赶出门:为维持精致生活月花数万"。故事的情节并不复杂,没有高利贷,也没有诈骗,就是一个年轻女性为了维持所谓的"精致生活",从正规贷款机构屡次借贷。在母亲为其偿还了23.8万元的债务后,她又去借贷,最后被母亲告知——你不是我的亲生女儿,你是领养的。

这位年轻的姑娘只是普通的工薪族,每月拿着几千块钱的工资,但她崇尚并追求的生活是这样的画风:上下班只坐网约车,中午吃饭叫外卖,路过星巴克必买;休息日从不在家待,约上朋友吃饭、唱歌、泡酒吧;看到喜欢的东西就买下来,几年时间换了十几块手表……尽管每次的支出不是很多,但频率很高,一天下来自然就成百上千。长此以往,就变成了无法承受之重。

这样的故事并不是个案,它戳中了当下不少年轻人的痛处:出门一定要打车,买包一定要奢侈品牌,手机非苹果不用,家电一定要选戴森……单纯去看每一项选择,倒也无可厚非,人人都有自己的喜好和需求,也有资格和权利去满足自己。不过,这里有一个重要的前提——消费能力与选择相匹配,如果所购的物品、所选的生活方式超出了自身可承受的范围,习惯通过"买买买"来获得快感与身份的认同，就有必要思考一下——自己是不是落入了"消费主义的陷阱"？

> **知识点**
>
> 消费主义，是指人们毫无节制、毫无顾忌地消耗物质财富与自然资源，把消费当成人生最高目的的消费观与价值观。

消费主义是一种价值观念与生活方式，以过度消费、超前消费、奢侈消费和攀比消费作为人生价值的体现，把消费活动视为实现自我个性、寻求身份认同的主要途径。它鼓励人们高消费、超前消费，提倡及时享乐，大大刺激和释放了人的物质欲望，让人沉溺于消费活动，似乎人生的一切意义都要通过对商品的消费和占有来体现。

那么，消费主义是怎么产生的呢？

有学者认为，消费主义是由资本的内在逻辑决定的。资本具有逐利性，生产和消费是资本增值的手段，为了追求经济的增长，自然要生产愈来愈多的产品。二战以后，各国大力发展经济，社会财富大量增长，资本对利润的追逐也变得更加猛烈。同时，民众的消费能力也在提高，对产品的需求变得多样化，对产品的质量有了更高的要求，促使企业不断推陈出新，生产商与销售商都在为消费主义推波助澜。

当互联网开始盛行后，电商平台拥有了智能的算法，能够向每位用户提供精准的推送。金融行业也日渐成熟，给消费主义提供了充足的养料，年轻人即使没有高收入，也可以轻松获得数千或数万元的消费额度，享受超前消费。随着网红文化、短视频的流行，各种消费场景映入城市青年群体的眼帘，使他们在潜移默化中接受并认同了消费主义的价值取向与生活方式。

> **知识点**
>
> 消费主义为推动社会经济增长做出了贡献，满足了消费者对物质的各种需求，但其危害也不容小觑。消费主义强调的是消费和占有物质，以追求最大的物欲享受为旨趣，并将这种挥霍性的消费主义包装成"个性自由"，让人们的欲望不断膨胀、不断升级，购买行为变得越发频繁和疯狂，却带不来实质性的满足与幸福。

概括来说，消费主义的"陷阱"主要体现在以下三个方面：

○ 消费异化

消费本是满足人们需求的手段，消费主义却将人们变成了消费的奴隶，使人们想通过消费来证明自己的存在，借由消费体现自己的社会地位与身份。

○ 创造需求

上班原本只需要穿着得体，消费主义却反复强调——用什么牌子的产品，就会成为什么样的人。于是，不少职业女性为了打造"形象"，即使超出自身经济能力，也要去买香奈儿、LV和爱马仕。消费主义还营造了许多美好的假象，抛出诱饵——"只要我买了……我就可以……"。其实呢？想要匀称的身材，只需要健康的饮食和规律的运动，不需要高档的运动内衣、瑜伽服与跑鞋；想要优雅的气质，需要知识的沉淀和能力的提升，不需要名贵的包包、手表和珠宝……这些需求都是被消费主义创造出来的，你永远不能指望依靠它们变得更好，能让你变好的只有脚踏实地地付出。

○ 行为上瘾

从某种意义上来说，刷屏时代的用户都是产品设计者的"猎物"；产品不可或缺的一大要素，就是让用户养成习惯、产生依赖性。著名的"奶头乐"战略，就是创造令人沉迷的消遣娱乐与刺激感官的电子产品，填充人们的生活、转移情绪。逛购物平台、玩游戏是消费商品，看视频、浏览新闻是消费内容，一旦在这些事物上投入过多的时间和精力，很容易导致行为上瘾，落入隐蔽的"消费主义陷阱"。

消费主义与焦虑情绪往往是相伴而生的。因为焦虑而依赖消费主义，因为消费主义而产生焦虑。个体因为焦虑情绪而控制不住自己的消费欲望，忍不住"买买买"，享受花钱的短暂快感；却又因超前消费透支自己的积蓄，最后面对负债而感到无比焦虑，造成一种恶性循环。

想要远离消费主义的陷阱，首先要对自己的消费观念进行反思和调整，树立正确的消费观念，制订合理的消费计划与储蓄计划，避免盲目消费和过度消费。其次，不要盲目跟风，限制使用社交媒体的时间，过多的广告与营销信息会让人产生消费欲望。作家林清玄说过："真正的生活品质，是回到自我，清楚衡量自己的能力与条件，并在这有限的条件下追求最好的事物与生活。"

78 我们消费的到底是什么？　符号消费

过去，消费就是对物的占有、使用和消耗。物之所以能被消费，是因为它具有使用价值，消费与人的需要紧密相连。对此，法国社会学家、作家让·鲍德里亚有不同的看法，并提出了"符号消费"理论。

> **知识点**
>
> 符号消费理论认为，物的真正价值在消费社会中是非功能性的，人们购买物不是出于使用价值，而是出于符号价值。换言之，人们不是对具体的物的使用功能有所需求，而是对商品所赋予的意义有所需求。

鲍德里亚在《消费社会》一书中指出："在消费社会中，我们消费的并不是物的有用性，而是通过消费体现自己的社会地位与身份的过程。消费趋于符号化最主要的目的，就是区分社会身份和社会地位。在一定程度上，符号的消费会被理解为一个人能力与层次的外在表现。"

在物资稀缺的时代，拥有商品的多少体现着人与人之间的差距，有钱的人可以购买更多的商品，让自己的家看起来更充裕。而如今，物质短缺的时代已成为历史，人与人之间的消费区别也不再以数量来体现，而是以产品符号来体现。消费者购买的不再是物的使用价值，而是符号赋予商品的价值和意义。在这个过程中，人的需求是由消费定义和建构的，人们通过买东西来建构个性、确立等级和所属群体，找到自己的身份认同与安全感。

符号消费的本质，其实是文化消费。有些人倾向于购买各种奢侈品、顶级电子设备，并不是看上了消费物本身的使用功能和使用价值，而是在购买这些商品的过程中可以获得一种身份快感，是奢侈品上附带的符号象征所代表的文化意义。

上班族小雪，月收入8000元。前不久，她刷掉辛苦攒了2个月的工资，买了一个1万多的包。她说，公司里的女同事眼睛都很"毒"，见面第一眼就看你穿什么鞋子、背什么包。和套装比起来，包每天都要背，背上几年也不过时，虽然自己这2个月没买衣服，天天吃简餐，可还是觉得入手这样一个奢侈品牌的包包是值得的。

知识点

符号消费理论告诉我们，奢侈品就是让人们为其功能以外的符号付出更多金钱的商品。所以，奢侈消费的另一个深层次内涵就是炫耀性消费。凡勃伦在《有闲阶级论》中这样解释"炫耀性消费"：消费是为了跟上身边朋友和邻居的消费水平，和为了让他们的朋友和邻居嫉妒。

鲍德里亚说："我们在符号的掩护下并在否定真相的情况下生

活着。"

　　放眼望去，符号消费在今天依旧如火如荼。无论是花费巨资打造的奢侈品广告，还是博主大V的带货直播，抑或是贩卖焦虑的知识付费，都在诱导我们通过符号价值来实现自我认同。在经济条件允许的情况下，为了凸显身份地位、标榜个性购买奢侈品无可厚非；若只是为了彰显"面子"，进行与自身经济实力不相匹配的消费，导致生活质量严重下降或负债累累，就得不偿失了。

　　鲍德里亚提醒我们，想要不被消费社会异化，就要保持理性而清醒的头脑，坚持自身真正的"个性"——表现自身个性时不要局限于身上的各类商品符号，要挖掘自身的内涵。我们很有必要认真地思考一下到底该如何消费，哪些东西是自己真正需要的，什么样的生活是自己真正想要的。只有找寻到真实的自我，明确真正的需求，回归现实生活，才能恢复主体意识和主体人格，不被消费符号绑架。

79 "稀里糊涂"的跟风购买　　示范效应

　　莉娜约了新同事晓鸥一起逛街。

　　到了商场以后，莉娜发现晓鸥花钱特别爽快，虽然拿着和自己一样的工资，可买的化妆品都是大品牌，衣服的价格也都是四位数。这让莉娜感觉有些尴尬，她不好意思去看两三百块钱的打折衣服。晓鸥比莉娜小几岁，莉娜觉得如果今天自己什么都不买,或者买点儿便宜打折的东西,多少会显得有些寒酸。

就这样,莉娜一狠心花了半个月的工资,给自己买了一件连衣裙。可是,回到家以后,莉娜就有点后悔了。晓鸥是单身,住着自家的房子,每个月只要承担一个人的生活费就行了。莉娜去年刚结了婚,每个月都要还房贷,现在一下子花掉了半个月的工资,着实让莉娜有些心疼,还让她产生了强烈的焦虑感。

你有没有遇到过和莉娜类似的情况:当身边的人购买了某种商品,自己也会受到影响,继而购买该商品?其实,遇到这种情形的人并不在少数。万事达卡国际组织曾经对来自亚太地区的5406位消费者进行调查,结果显示:有16%的消费者在消费方面受到同龄人的影响;11%的消费者受到媒体的影响。

知识点

消费者在认识和处理自己的收入、消费及其相互关系时,会不自觉地和其他消费者比较,以认定自己的所属。这个时候,其他消费者对于这个消费者的影响,被称为"示范效应"。

个体的消费行为不仅受收入水平的影响,还受收入与自己相近的人的消费行为的影响。这些人的消费行为具有示范效应,在看到他们因收入水平或消费习惯的变化而购买高档消费品时,哪怕自己的收入没有变化,个体也可能效仿他人扩大自己的消费开支。

就像上文提到的莉娜,在看到与自己收入差不多的同事晓鸥买东西那么爽快时，消费心态受到了很大的冲击，致使她开始效仿对方的行为。可是，冷静下来之后，莉娜感到有些后悔，觉得自己的消费行为太不理智了。你可能也有过类似的体会，甚至在事后询问自己：为什么我要效仿TA呢？

知识点

消费者对于某种商品的需求，取决于其他消费者对这些商品的需求，也就是消费的示范效应。消费者在认识和处理自己的收入与消费及其相互关系时，会跟其他消费者进行比较，其消费支出会受到周围其他某些消费者的影响，即他认为自己属于的那一类人。

一个年轻女孩可能会跟她的朋友、同事穿同类型的衣服、做同款的发型、用同类的电子产品，但绝不会跟自己的妈妈、阿姨穿同类的衣服。因为消费者中包含着许多群体，多数消费者会自觉或不自觉地把自己算在一定的群体内，其消费就会向这个群体内的其他人看齐。

示范效应的影响力很大，甚至可以跨越国界。

当某一国家的居民观察到其他国家居民购买高档消费品时，也可能会仿效别国居民从而改变自己的消费习惯。这也意味着，消费的示范效应会造成低收入水平国家居民的消费需求远远超出他们的正常水平，从而导致储蓄不足和国际收支严重逆差等问题。

对个体来说，在消费时也应多一份理性，不要盲目跟风。时下有不少年轻人把工资都用在买网红产品上，看见视频直播中的模特穿得很好看，销量火爆，心里就"种草"了，只有买了才不惦记。入手一件物品之前，根本不去想自己是否真的需要，这件物品对自己是否有价值。疯狂地"买买买"时觉得很满足，直到看见账单才发现，已经严重透支了。

《乌合之众》里有这样一段话："群众没有真正渴求过真理，面对那些不合口味的证据，他们会充耳不闻……凡是能向他们提供幻觉的，都可以很容易地成为他们的主人；凡是让他们幻灭的，都会成为他们的牺牲品。"但愿我们在消费这件事上能够保持独立思考的能力，不被虚荣和攀比支配，也不轻易被广告诱惑，避免成为羊群效应中的牺牲品。

80 与旧睡袍别离之后的烦恼　　狄德罗效应

18世纪，法国哲学家丹尼斯·狄德罗收到朋友送的一件质地精良、做工考究的睡袍。狄德罗特别喜欢，立刻就丢掉了自己的旧长袍，每天穿着新睡袍在书房里走来走去。

不久之后，烦恼就找上了狄德罗。他在书房里踱步时，总觉得身边的装设是那么不协调：家具或是太破，或是风格不符，地毯的针脚也粗得吓人。为了和自己的新睡袍相配，狄德罗开始陆续对旧的物品进行更新，从椅子到书架、从雕像到闹钟，几乎所有的旧物件都被更换掉了，狄德罗终于拥有了一个和新睡袍相配的书房。

　　这个时候，狄德罗忽然意识到，他竟然"被一件睡袍胁迫了"，换了那么多自己原本无意更换的东西。对此，狄德罗开始后悔丢弃自己的旧长袍，并将这种体验写成了一篇文章，题目就叫——《与旧睡袍别离之后的烦恼》。

　　1998年，美国社会学家朱丽叶·斯格尔在《过度消费的美国人》一书中，对新睡袍导致新书房的攀升消费模式进行了详尽的分析，并提出了一个新概念——"狄德罗效应"。

知识点

狄德罗效应，也被称为配套效应，是指人们在拥有了一件新的物品之后，不断配置与其相适应的物品，以达到心理平衡的一种现象。

　　就连狄德罗这样的大思想家也难以逃脱这一效应。毕竟，在思想观念上，他也认为质地精良、图案高雅的睡袍是富贵的象征，应当与高档的家居、华丽的地毯相配套，不然总感觉"不舒服"。

　　我们在生活中经常会遇到这样的情况——

　　原本只想到商场买一件上衣，挑选完毕后很满意，可随后就觉得没有合适的裤子搭配它，还需要添置一条裤子；等裤子买完了，突然看旧鞋子也不顺眼了，还想再买一双鞋，甚至买腰带、围巾、背包，本来预算花两三百元，结果花了上千元。

买了一套新房子,想着好好装修一番,铺上木地板、装上华丽的吊灯、买了像样的家具,等住进去之后,觉得自己的日用品也得跟着提升一个档次,就连厨房里的垃圾桶都要选高级的,一切都只是为了实现配套。

狄德罗效应不存在好坏对错之分,只能说是有利有弊。从社会经济角度看,狄德罗效应可以促进经济的发展,刺激消费;生产厂家和商家充分利用这一效应,可以很好地推销自己的商品;但从个人角度来看,过分追求"配套"容易透支,毕竟欲望是无穷尽的,要警惕预料之外的开支。

古今中外,不乏因狄德罗效应"栽跟头"的例子:商纣王继位后不久,叔父箕子看到他请工匠用象牙制作筷子(现在是严格禁止的),担忧不已。箕子心想:既然你用了稀有昂贵的象牙做筷子,杯盘碗盏恐怕也得换成精美器皿;餐具一旦换成了象牙筷子和玉石盘碗,就要千方百计地享用山珍海味了;在尽情享受美味佳肴之时,肯定要穿绫罗绸缎,住奢华宫殿。
一切正如箕子所料,仅仅只过了5年,纣王就演变到了穷奢极欲、荒淫无耻的地步。纣王的腐败行径,不仅苦了老百姓,而且将一个国家搞得乌七八糟,最后被周武王所剿灭。

不懂得克制,一味地被"狄德罗效应"牵着鼻子走,后果是很严重的。在消费的问题上,我们要掌握好度,非必需的东西尽量不买,一旦你接受了一件,外界和心理的压力就会促使你接受更多。

81 你会"打卡"网红餐厅吗? 　社交货币

全球酒店行业向来是比拼装修和标准服务,无论是希尔顿、喜达屋还是万豪,都是采用高规格的装修,请优质的酒店管理服务人员。不过,有一家互联网公司是个例外,它几乎没有一家自己的酒店,也没有奢华的装修,订房率也不是最高的,可它却快速地成为全球最大的住宿平台之一,将一切"高大上"甩在身后。

这家酒店就是Airbnb(AirBed and Breakfast),在2014年2月份,它的房间数只有30万间,而到年底时就达到了100万,当时希尔顿、万豪、洲际等的房间数还不到70万。新冠肺炎疫情过后,随着预订业务的复苏,Airbnb已经成为一家拥有巨大自由现金流的企业。

为什么Airbnb可以迅速成为全球最大的住宿平台之一?是谁在市场中为它推波助澜呢?

纵观Airbnb的商业模式,可圈可点之处有很多,但有一项因素绝对不容忽视,那就是基于社交网络的病毒营销——社交货币!

社交货币,最早是一个人类学和社会学概念,20世纪90年代由皮埃尔·布尔迪厄在《社会资本论》中提出,用于解释经济增长和社会发展。后来,宾夕法尼亚大学沃顿商学院的市场营销学教授乔纳·伯杰将其应用于营销领域,并在《疯传》一书中做了详尽阐述。

> **知识点**

社交货币,通常被用来衡量人们分享信息的倾向性,即衡量分享某个信息之后,可以从被分享者那里得到多少认同的货币。乔纳·伯杰认为,人们在社交活动中与他人分享故事、事物、经验、知识等,其目的是获取对外的谈资与展示,以提升自身价值,增强身份认同。

  L拍摄了一张堵车的照片,方向盘上显示出"奔驰"的车标,他渴望让微信里的好友知道自己换了一辆新车,彰显消费实力与自我价值。

  M拍摄了一张海边落日的照片,配上"一个人看海,孤独也自在"的文字,她渴望有人了解和关注自己的孤独,却不想让人怜悯,就选择用这样的图文来显示自己的文艺情怀。

  无论是微信朋友圈,还是抖音或小红书,都可以理解为一个社交货币交易市场。个体分享的每一张图片、每一首曲子、每一份感受,都将成为衡量其社交货币价值的参数,好友或关注者可以通过这个参数,对其社交货币价值进行评估,并得出彼此之间的一种对比关系。

  理解了社交货币的概念之后,再来分析Airbnb的营销思路就简单多了。

  社交货币在商业领域的应用,就是利用人们乐于与他人分享的特质,以此塑造自己的产品或思想,让其具备分享的价值,进而激发人们的分享欲,从而实现口碑传播的目的。Airbnb深谙这一点,便在产品中预埋了社交货币,让消费者不辞辛苦也要到这里"打卡",因为它给消费者带来的心理价值(新奇、漂亮、昂贵、稀缺等)远远超过实用价值,让分享成为一种"谈资"。

82 为什么要发展闲暇消费? 　闲暇消费

知识点

闲暇消费,是指人们在闲暇时间进行的各种消费活动。

闲暇消费有两个前提,一是拥有可以自由支配的时间,二是拥有支付能力。闲暇时间是个人用来享受、娱乐和发展个性的时间,因此有一定的特殊性。

```
差异性 ┐              ┌ 多样性
        ├─ 闲暇消费 ─┤
关联性 ┘              └ 层次性
```

闲暇消费发生在个人自由支配的时间,每个人的兴趣爱好不同,因而在闲暇时间所从事的消费活动也不一样。有人热衷于买书、看电影,有人喜欢看体育比赛或健身,还有人喜欢旅行,消费方式和内容并不单一,而是多样化的。

不同地域有不同的文化传统,且人均收入水平也不一样,这就使得人们在闲暇时间里的消费结构和方式呈现出层次性。收入水平较高地区的人们，闲暇消费更多地用于接受教育、参加培训、提升自我、营养保健、服饰美妆、艺术珍藏等；而收入水平较低地区的人们，在这些方面的消费占比会低一些。即使是在同一地区、相同收入水平的人之间，闲暇消费结构和方式也不尽相同，这主要受个人因素影响，如教育程度、消费习惯、消费心理、个人消费偏好等。

闲暇消费也是消费的一种，因而与生产也有密不可分的联系，它在一定程度上决定了生产的方式和结构。当闲暇消费发生变化时，消费结构也会随之改变；居民的消费结构变了，需求也就变了，生产结构和方式也要发生改变。

知识点

不难看出，发展闲暇消费有利于扩大消费领域，拉动消费需求，促进消费结构与产业结构的优化与升级，形成新的经济增长点；还可以更好地满足人们的身心需要，促进社会文化的发展。正如马克思所说："创造可以自由支配的时间，也就是创造产生科学、艺术等的时间。"

索引
社会学家名录

01. 奥古斯特·孔德（1798~1857）

奥古斯特·孔德，法国著名哲学家、社会学家和实证主义的创始人，被誉为"社会学之父"。他在1839年出版的《实证哲学教程》第4卷中，首次提出"社会学"的概念，对于社会学的发展具有里程碑意义；他提倡实证主义，主张用自然科学的方法研究人类社会。

02. 卡尔·马克思（1818~1883）

卡尔·马克思，德国思想家、政治学家、社会学家，主要著作有《资本论》《共产党宣言》等。他与恩格斯一起，以辩证唯物主义和历史唯物主义为指导揭示了人类社会发展规律，创立了马克思主义理论体系，该理论体系被认为是指引全世界劳动人民为实现社会主义和共产主义理想而奋斗的理论武器和行动指南。

03. 赫伯特·斯宾塞（1820~1903）

赫伯特·斯宾塞，英国哲学家、社会学家，被誉为"社会达尔文主义之父"。斯宾塞的社会学理论特点在于，将社会与生物有机体进行类比并得出重要结论：社会是一个由相互联系的各部分构成的紧密整体，这个体系只能从其结构运转的意义上去理解，体系要存在下去，其需求必须得到满足。这些观点开启了结构功能理论的先河。

04. 威廉·格雷厄姆·萨姆纳（1840~1910）

威廉·格雷厄姆·萨姆纳，美国社会学奠基人之一。他主张社会进化论，最负盛名的代表著作是《民俗论》。在萨姆纳看来，习俗是无形的社会行为规范，而道德是含有善恶观念的习俗，对人的行为有更强的约束力。根据对群体习俗与道德的遵从与否，他将社会分为"内群体"和"外群体"，并指出前者的社会凝聚力更强。

05. 古斯塔夫·勒庞（1841~1931）

古斯塔夫·勒庞，法国社会学家、社会心理学家，群体心理学创始人，广为人知的代表著作是《乌合之众》。他认为，"民族的精神"或"种族的灵魂"是整个社会生活的基础，民族或种族性格是社会进步的主要力量。在群集情况下，个体会放弃独立思考的能力，让群体的精神代表自己的精神，同时也会放弃责任意识和各种约束，即使最有理性的人也可能像动物一样行动。

06. 托斯丹·邦德·凡勃伦（1857~1929）

托斯丹·邦德·凡勃伦，伟大的美国经济学巨匠、制度经济学鼻祖，最负盛名的代表著作是《有闲阶级论》。他是较早重视消费问题研究的经济学家，提出了著名的"凡勃伦效应"，即商品的价格定得越高，越能受到消费者的青睐，反映出人们进行挥霍性消费的心理愿望。

07. 埃米尔·涂尔干（1858~1917）

埃米尔·涂尔干，法国乃至欧美最负盛名的社会学家，社会学的主要奠基人之一，代表著作有《社会学方法的准则》《社会分工论》《自杀论：社会学研究》等。涂尔干认为，社会学要成为一门科学，必须将现象视作"物"来进行客观考察。他生平最大的贡献，是让社会学真正成为一门完全独立的学科。

08. 格奥尔格·齐美尔（1858~1918）

格奥尔格·齐美尔，德国社会学家、哲学家，是19世纪末20世纪初反实证主义社会学思潮的代表人物之一。他认为社会不是一个实体，而是一个过程，一种具有意识的个体之间的互动过程，正是人与人之间的互动（他将其称为"交往"）构成了社会。

09. 乔治·赫伯特·米德（1863~1931）

乔治·赫伯特·米德，美国社会学家、社会心理学家、哲学家，符号互动论的奠基人。他认为人与动物的重要区别在于，人类可以通过语言、文字、手势、表情等象征符号进行互动，这是社会生活的基础；而且人有"自我感"，自我的存在以心灵为基础，一个身体的自我并不是一个真正的自我，"只有当它在社会经验背景中发展了心灵，它才成了自我"。借由自我的概念，米德把心灵与社会连接起来，完成了其人际关系传播思想的统一。

10. 马克斯·韦伯（1864~1920）

马克斯·韦伯，德国政治经济学家、社会学家，与卡尔·马克思和埃米尔·涂尔干并称为现代社会学的三大奠基人。韦伯认为，社会科学与自然科学存在本质上的差异，人类的社会行为太过复杂，不能用传统自然科学的方式进行研究。他开创了比较社会学、理解社会学的基本研究方法，对德国近现代与当代法学产生了深远的影响。

11. 查尔斯·霍顿·库利（1864~1929）

查尔斯·霍顿·库利，美国社会学家、社会心理学家，传播学研究的鼻祖。库利的理论研究重点是探讨个人如何社会化，相关代表著作有《人类本性与社会秩序》《社会组织》和《社会过程》。库利认为，一个人的自我观念是在与其他人的交往中形成的，他人对自己的评价、态度等是反映自我的一面"镜子"，这就是著名的"镜中我"理论。

12. 罗伯特·E. 帕克（1864~1944）

罗伯特·E. 帕克，美国社会学家，芝加哥学派的代表人物之一，也被认为是第一位大众传播的研究者。帕克认为，社会学是一种研究人类行为的自然科学，他开创了学术研究的四个重要论题，即大众传播、种族关系、人类生态学与集体行为，提出了"社会距离""陌生人"和"边缘人"的概念，开创了城市社会学的先河。

13. 马塞尔·莫斯（1872~1950）

马赛尔·莫斯，法国人类学家、社会学家、民族学家，是社会学家涂尔干的学术继承人，代表著作有《礼物——古式社会中交换的形式与理由》《原始分类》等。莫斯以礼物及其交换为切入点来理解社会，思考人与物之间的联系，以及如何通过物与他人建立联系，对人类学的交换、巫术、身体等研究领域做出了开创性的贡献。

14. 埃德温·萨瑟兰（1883~1950）

埃德温·萨瑟兰，美国现代知名犯罪学家，"差异交往理论"的提出者，这一理论是美国犯罪学中最重要的三大理论之一。他认为，犯罪或者越轨行为与其他社会行为的学习过程是相同的。一个人之所以越轨或犯罪，是因为在其思想观念中，支持犯罪行为的解说远远超过支持遵纪守法的解说。

15. 威廉·费尔丁·奥格本（1886~1959）

威廉·奥格本，美国社会学家，侧重研究社会变迁问题，代表著作有《社会变迁——关于文化和先天的本质》《文化和社会变迁论文集》等。他认为，社会变迁是一种文化现象。如果把文化分为物质和精神两个层面，精神层面的发展总是滞后于物质层面的发展。为此，在社会变迁的过程中，物质文化与科学技术的变迁速度往往是最快的，而制度与观念部分的变化比较慢，常常会出现"文化滞后"的现象。

16. 卡尔·曼海姆（1893~1947）

卡尔·曼海姆，德国社会学家，经典社会学与知识社会学的创始人，代表著作有《意识形态与乌托邦》《重建时代的人与社会：现代社会结构的研究》《文化社会学论集》等，有关知识社会学的论述，是曼海姆著作中最有价值和影响力的部分。曼海姆把社会计划的制订与推进寄希望于知识分子，认为知识分子可以通过信仰启示、道德教化和公众教育把社会计划付诸现实。

17. 阿尔弗雷德·舒茨（1899~1959）

阿尔弗雷德·舒茨，美籍奥地利裔社会学家、现象学家、哲学家，代表著作有《社会世界的意义构成》《现象学哲学研究》等。他认为社会学研究的对象不是社会事实，而是社会事实的"意义"，主张关注互为主体性的人们的微观互动过程，认识社会的结构、变化和性质。他的观点对民俗学方法论产生了重要影响。

18. 艾里希·弗洛姆（1900~1980）

艾里希·弗洛姆，美籍德裔犹太人，精神分析学家、哲学家，代表著作有《逃避自由》《爱的艺术》《健全的社会》等。他一生致力于修改弗洛伊德的精神分析学说，以切合两次世界大战后西方人的精神处境，因此也被誉为"精神分析社会学"的奠基人之一。

19. 赫伯特·乔治·布鲁默（1900~1987）

赫伯特·乔治·布鲁默，美国社会学家，符号互动论的主要倡导者与定名者，代表著作有《符号互动论：观点与方法》《工业化与传统秩序》等。他认为，人类社会是由具有自我的个人组成的，人类创造并使用符号来表示周围的世界，符号互动创造、维持和改变社会结构。

20. 塔尔科特·帕森斯（1902~1979）

塔尔科特·帕森斯，美国社会学家、现代社会学奠基人，第二次世界大战后统整社会学理论的重要思想家，代表著作有《社会行动的结构》《社会系统》等。帕森斯早期的理论侧重于建构宏大的社会理论，后期从宏观转向微观层面，为社会学的发展做出了重要贡献。他在许多著作中对社会分层、宗教世俗化、科学、教育、家庭、儿童社会化、越轨行为等问题进行了广泛的探讨，其中包含关于现代化问题的诸多论点。

21. 西蒙娜·德·波伏瓦（1908~1986）

西蒙娜·德·波伏瓦，法国存在主义作家，女性主义运动的创始人之一。1949年，波伏瓦出版了其最重要的作品《第二性》，在思想界引起了巨大反响，成为女性主义的经典著作。她认为，女人并非生来就是女人，是因为接受并扮演了社会定义为合适的角色，才变成了女人。

22. 大卫·理斯曼（1909~2002）

大卫·理斯曼，美国社会学家、教育家、律师，著名的公共知识分子，代表著作是《孤独的人群：美国人社会性格演变之研究》，探讨了19世纪美国占主导地位的内在导向性格，如何被20世纪中叶的他人导向性格所取代，该书被认为是研究美国人性格的里程碑。

23. 罗伯特·金·默顿（1910~2003）

罗伯特·金·默顿，美国社会学家，科学社会学的奠基人，荣获1994年美国国家科学奖，被誉为"科学社会学之父"。他发展了埃米尔·涂尔干的社会失范理论，提出了犯罪学上著名的"紧张理论"，即如果社会氛围过度强调成功的结果，忽略达成目标的手段的合法性，个人就会产生紧张情绪和压力，如果用合法手段实现目标的努力受阻，个体就可能尝试使用各种非法手段来实现这些目标。

24. 刘易斯·科塞（1913~2003）

刘易斯·科塞，美国著名社会学家，他批判结构功能理论对社会冲突的忽视，也批判"左派"冲突论者对社会冲突结果的过度强调，积极探索功能主义冲突理论，代表著作有《社会冲突的功能》《社会冲突研究续编》等。

25. 欧文·戈夫曼（1922~1982）

欧文·戈夫曼，美籍加拿大裔社会学家、作家，他继承了符号互动论的思想，在其著作《日常生活中的自我呈现》中，从更微观、更新颖的角度对人际互动展开研究，并提出了著名的"拟剧理论"。他把社会中的人看作舞台上表演的演员，提出前台、后台、印象管理策略等概念，对人们成功扮演自己所承担的社会角色具有积极的启示和借鉴意义。

26. 齐格蒙特·鲍曼（1925~2017）

齐格蒙特·鲍曼，英国利兹大学和波兰华沙大学社会学教授，代表著作有《现代性与大屠杀》《现代性与矛盾性》《立法与阐释者》等，因将现代性、大屠杀以及后现代消费主义联系起来而享有盛名。

27. 米歇尔·福柯（1926~1984）

米歇尔·福柯，法国哲学家、社会学家，他在哲学、历史、文学、政治学和法学等方面都有巨大的影响力，法国哲学家德勒兹在评价他时说，20世纪应该被称为"福柯时代"。在社会学领域，福柯从历史发展的维度关注知识与权力的关系——权力如何通过话语权表现出来，并配合各种规训的手段将权力渗透到社会的各个细节中去，如监狱制度、性问题等，对当代社会学的发展影响甚大。

28. 霍华德·S. 贝克尔（1928~）

霍华德·S. 贝克尔，美国著名社会学家，芝加哥学派。符号互动论和标签理论的代表人物，研究领域涉及越轨社会学、教育社会学、艺术社会学、社会学方法等。

29. 让·鲍德里亚（1929~2007）

让·鲍德里亚，法国哲学家、现代社会思想家、后现代理论家，撰写了一系列分析当代社会文化现象、批判当代资本主义的著作。他在1976年出版的《象征交换与死亡》被公认为是后现代理论与文化研究最经典的代表作，而另一部著作《消费社会》从消费的意义上解释了时下的社会，成为法国后现代主义学界批判、理解消费社会的思想基础。

30. 查尔斯·蒂利（1929~2008）

查尔斯·蒂利，美国社会学家、政治学家，主要研究集体行为的历史与动力、城市化的过程与民族国家的形成，代表著作有《身份、边界与社会联系》《强制、资本与欧洲国家》《集体暴力的政治》等，因其突出的学术贡献被誉为"抗争政治之父"、历史社会学"三驾马车"之一。

31. 尤尔根·哈贝马斯（1929~）

尤尔根·哈贝马斯，德国当代最重要的哲学家之一，是西方马克思主义法兰克福学派第二代的中坚人物，2015年获美国国会图书馆颁发的克鲁格人文与社会科学终身成就奖。哈贝马斯的思想庞杂而深刻，体系宏大而完备，被公认为是"当代最有影响力的思想家"，其代表著作有《公共领域的结构转型》《知识与人类利益》等。

32. 皮埃尔·布尔迪厄（1930~2002）

皮埃尔·布尔迪厄，当代法国最具国际影响力的思想大师之一，在社会学领域的代表著作有《实践理论大纲》《实践感》，他还创办了《社会科学的研究行为》杂志。布尔迪厄认为必须倡导一门反思性的社会科学，克服主体与客体、文化与社会、结构与行为等普遍存在的理论对立面。他提出的"惯习""场域""象征暴力"等理论,具有重要的社会学意义。

33. 安东尼·吉登斯（1938~）

安东尼·吉登斯,英国社会学家,先后出版学术著作近40部,为当代社会学领域做出了巨大的贡献。他在社会学领域的学术成就具体体现在以下几个方面——对马克思、涂尔干、韦伯等经典社会学家思想的反思；对以结构主义、功能主义和解释社会学等为代表的现代社会学研究方法的反思；对社会学研究方法的重建,提出了著名的"结构化理论"；对现代性理论范式的提出和现代性发展的反思；他与布莱尔提倡的"第三条路"也影响了英国和其他国家的政策。

34. 兰德尔·柯林斯（1941~）

兰德尔·柯林斯,美国社会学家,宾夕法尼亚大学社会学荣休教授,冲突论的代表人物。他的主要研究领域是理论社会学、社会冲突、关于政治与经济变迁的宏观社会学,代表著作有《文凭社会：教育与分层的历史社会学》《冲突社会学：关于一门解释性的科学》《四个社会学传统》《哲学社会学：一种全球知识分子变迁理论》等。

35. 朱迪斯·巴特勒（1956~）

朱迪斯·巴特勒,美国耶鲁大学哲学博士,当代最著名的后现代主义思想家之一,在女性主义批评、性别研究、当代政治哲学与伦理学等学术领域有突出的成就。她提出的关于性别的"角色扮演"理论,是酷儿理论中的一个重要观点,她也因此被视为酷儿运动的理论先驱。